G U Y   H E R M E T

LA DÉMOCRATIE

Un exposé pour comprendre
Un essai pour réfléchir

DOMINOS
Flammarion

Guy Hermet. Enseignant et chercheur, Guy Hermet partage son activité entre les deux institutions sœurs que sont l'Institut d'études politiques de Paris et le Centre d'études et de recherches internationales. Il a publié auparavant de nombreux ouvrages, dont *Aux frontières de la démocratie*, PUF, 1993; *Le Peuple contre la démocratie*, Fayard, 1989 et une récente *Histoire des nations et du nationalisme en Europe*, Le Seuil, 1996.

ISBN : 2-08-035484-1
Imprimé en France

Sommaire

La première fois qu'apparaît un mot relevant d'un vocabulaire spécialisé, explicité dans le glossaire, il est suivi d'un *

Avant-propos

Objet d'envie pour ceux qui n'en jouissent pas, la démocratie ne représente plus qu'une évidence pour ceux qui, comme nous, ont appris à apprécier le confort de ses faux-semblants. C'est cette évidence qui fait à la fois sa force et sa faiblesse. En Europe comme en Amérique du Nord et jusqu'en Inde, personne ou presque ne lui envisage plus de solution de rechange autre que détestable, y compris dans les secteurs extrémistes qui n'osent plus se dispenser de proclamer le prix qu'ils y attachent. En même temps, chacun sait que l'hommage que son nom rend au peuple souverain – le *dêmos** – a peu à voir avec la machinerie de ses procédures.

Il en résulte que le monopole acquis par la « valeur démocratique » comme label de l'unique régime désirable de nos jours comporte un défaut. Celui de ne plus s'apparenter qu'à celui qui appartiendrait à une commodité irremplaçable dont l'usage importerait seul. La valeur démocratique a largement perdu la connotation morale qui lui permettait d'alimenter l'espoir des hommes. Reposant de moins en moins sur une adhésion à ses principes évasifs et, de plus en plus, sur un simple acquiescement à son fonctionnement, la démocratie ne s'appuie plus guère que sur une acceptation réflexe, déterminée en quelque sorte par défaut et par référence à sa valeur pratique. Il n'y a pas autre chose à attendre de bon, puisque le reste a démontré le pire en ce temps peu propice à de nouvelles utopies rapportées à un futur que l'on se résigne à imaginer assez semblable au présent.

L'effondrement de ce que l'on appelait la démocratie réelle* dans les États communistes a renforcé ce désabusement, au point qu'on se demanderait presque s'il ne faut pas introduire plus de vérité dans la désignation de ce dispositif politique indiscuté mais peu exaltant auquel nous nous soumettons pourtant sans déplaisir. Conviendrait-il de débaptiser la démocratie ? Dans le registre de l'ironie, pourrait-on la dénommer « État largement électif et résiduellement souverain à forte exposition au public » ? A l'opposé, qui voudrait se montrer positif jugerait sans doute opportun de lui donner le titre plus flatteur de « régime politique de l'inachèvement en état de perfectionnement permanent ». Mais personne ne songe à ce nouveau baptême : il briserait le charme particulier de l'obligation d'obéissance moderne. Dire autrefois monarchie ou dictature* avait le mérite de la clarté. Chacun comprenait qu'il s'agissait de pouvoirs auxquels le peuple n'était pas convié. Reste que, justement, c'est la franchise des expressions qui blesse le plus, et qui fait que le désir de faire correspondre l'étiquette au produit n'est pas très vif tant que ce dernier ne véhicule que de très conviviaux scandales et non quelque monstrueuse encéphalite civico-spongiforme.

Dans ces conditions, il sera donc d'abord question ici de la démocratie sans plus de manières, telle qu'elle s'est édifiée dans ses procédures de droit et de fait, éloignée qu'elle est des citoyens dont le rôle consiste surtout à faire tourner la loterie électorale. En revanche, l'objectif sera plus ambitieux dans le second temps de la réflexion. Il s'agira, alors, d'entrer dans les conjectures et les débats que la démocratie suscite en son état actuel, en définitive de démêler la substance des quelques propositions de régimes de substitution qui ne se confessent pas toujours comme telles bien que certaines aient des chances de modeler notre avenir proche.

L'élection est-elle démocratique ou aristocratique?
Victoire ailée recueillant les suffrages dans une urne; à gauche, Athéna. (Art romain, fin IIIe siècle).
Ph. © G. Dagli Orti.

Un régime aristocratique nommé démocratie

Vᵉ siècle av.C.

Athènes 400.000 habt.

40.000 citoy.

→ représt 180.000

Les choix fondateurs

La démocratie des Anciens

Les disputes que la démocratie a provoquées dès sa naissance dans la Grèce antique cernent mieux que les débats actuels les deux questions essentielles à poser à son propos. Quel est, d'un côté, par comparaison avec les autres régimes, son mérite en tant que mode de gouvernement des communautés humaines telles qu'elles sont et non telles qu'elles devraient être ? Que faut-il exiger d'un régime démocratique, de l'autre côté, pour qu'il puisse être considéré comme tel, c'est-à-dire comme autre chose que l'« éternelle » domination d'un nombre infime de dirigeants sur la masse énorme de leurs sujets de droit ou de fait ?

Mais qu'est-ce, d'abord, que la démocratie athénienne qui, au Ve siècle avant notre ère, inaugure l'idée que les hommes ne doivent être sujets que d'eux-mêmes ? Athènes compte alors quatre cent mille habitants, dont quarante mille citoyens représentant cent quatre-vingt mille âmes, auxquels s'ajoutent quelques dizaines de milliers de « métèques* » – immigrés proches ou lointains – ainsi que deux cent mille esclaves. Métropole politique, économique et culturelle de premier rang, à la gestion complexe pour l'époque, elle connut dans des temps légendaires l'autorité de ses rois, puis celle, oligarchique, de lignages aristocratiques. C'est en 594 avant Jésus-Christ que Solon y permet un début d'expression politique des pauvres et des natifs ordinaires, avant que Périclès ne les transforme en citoyens collectivement souverains en instaurant d'entrée de jeu, entre 443 et 429, une démocratie extrême, à la fois directe et égalitaire. L'ennui est que, après Périclès, la faveur populaire succombe à la démagogie de dirigeants médiocres puis d'intellectuels fertiles en discours séducteurs. Dès lors, la démocratie athénienne se transforme en tyrannie* imposée par la masse à ceux qui jouissent de quelque richesse ou se préoccupent de la sauvegarde de la Cité. Il en résulte non seulement une réaction de l'oligarchie, soucieuse d'assurer à la propriété des garanties non révocables du jour au lendemain, mais surtout, avec Platon (428-348) et Aristote (384-322), un examen aussitôt indépassable de ses bienfaits ou de ses méfaits.

Le meilleur régime n'est pas la démocratie pour Platon, qui a observé ses effets avec dépit. À ses yeux, elle se définit comme le règne d'une populace envieuse, prompte aux débordements et impatiente d'imposer son propre despotisme. Selon ses termes, « la démocratie s'établit quand les pauvres, victorieux de leurs ennemis, massacrent les uns, bannissent les autres et partagent également avec ceux qui restent le gouvernement et les magistratures ». Pour Platon, la démocratie bafoue la liberté et la dignité personnelles sous le couvert d'une égalité niveleuse. Fonctionnant au jour le jour, au gré des exigences populaires que les démagogues aiguisent, elle présente par surcroît le défaut de menacer la survie même de la communauté politique en vertu de cette priorité donnée à l'immédiat et de la logique d'imprévision qui la sous-tend.

Tout différent cependant est le point de vue d'Aristote. Ce dernier n'est pas athénien et contemple son temps avec la curiosité du sociologue plutôt qu'avec la passion moraliste de Platon. Selon lui, la question du meilleur régime doit s'envisager de façon pragmatique, au regard non d'un absolu intemporel mais des circonstances de chaque moment. Or le contexte de l'époque qui est la sienne oblige à prendre en compte les demandes populaires déjà parées des couleurs de la démocratie. Avec cela, Aristote rejette la critique qui dénonce l'incompétence du peuple. En prenant même le contre-pied, il oppose à cette posture élitiste que le nombre et l'étendue des talents à découvrir dans la masse des citoyens risquent de l'emporter d'assez loin sur les qualités individuelles prêtées sans inventaire à l'ensemble des membres d'une couche dominante. Mais, simultanément, Aristote n'est démocrate que par convenance, et d'ailleurs avec modération. A ses yeux, la souveraineté* ne s'incarne pas dans le peuple; elle appartient à la loi que l'humeur majoritaire d'un instant ne peut transgresser. C'est pourquoi la démocratie directe à l'athénienne ne lui agrée pas. A son sens, le bon gouvernement – l'*eunomia** – doit être un régime mixte : celui de la *politeia**, bénéficiant d'une légitimité* populaire indispensable, mais fortement tempérée par l'origine aristocratique – au sens strict des « meilleurs » – de ses dirigeants. Aristote anticipe en somme sur la doctrine libérale quand il privilégie le règne des lois par rapport à celui de majorités humaines éphémères. Et il préfigure les institutions démocratiques modernes lorsqu'il estime que, pour être obéi et donc efficace, le bon gouvernement doit, tout en demeurant réservé à une minorité choisie pour ses capacités et ses qualités morales, jouir du consentement explicite du plus grand nombre des citoyens et l'entretenir constamment.

Les gouvernants doivent-ils ressembler aux gouvernés ?

L'un des enjeux du débat paraît ainsi tranché. La démocratie, qui se réclame du peuple, doit en outre répondre à ses attentes pour satisfaire l'exigence de justice des plus faibles, ou au moins pour conserver la séduction de son autorité, garante de la stabilité dont dépend l'existence de l'ensemble de la communauté. En revanche, il n'y a nulle nécessité que ses chefs ressemblent au peuple. La prudence conseille même l'inverse, puisqu'il convient en réalité qu'ils s'en distinguent par l'intelligence, les capacités héritées et acquises, pourquoi pas par une vertu personnelle réputée rare dans le commun des mortels.

Toutefois, cette conception de la démocratie pour le peuple mais sans lui n'était pas plus unanime à Athènes qu'elle ne le serait aujourd'hui si l'on en débattait sérieusement. Dans l'esprit des Athéniens ordinaires, il n'y avait démocratie que là où les magistrats et autres responsables publics ressemblaient presque trait pour trait aux gouvernés. Ainsi que le rappelle le philosophe politique Bernard Manin, la démocratie se définissait à leurs yeux par un principe de similitude qui ne constituait pas qu'une formule rhétorique. Il convenait bien que gouvernants et gouvernés fussent interchangeables, constamment en instance de renversement de leurs positions, presque tous qualifiés pour le métier politique de par leur niveau moyen de connaissance des affaires de la Cité. C'est pourquoi il importait que chaque citoyen subalterne dans l'instant eût néanmoins exercé auparavant une responsabilité publique, qu'il pût la retrouver ou, au moins, y prétendre pour la première fois avec une probabilité suffisante.

Le tirage au sort régissait ce dispositif de rotation démocratique et de formation civique par la pratique. Des candidats à telle position, généralement annuelle, se manifestaient, les plus chanceux qui « tiraient la fève » se la voyant attribuer. L'objectif consistait bien entendu à afficher le caractère visiblement populaire du gouvernement. Il s'agissait, également, de préserver ce caractère en faisant obstacle à toute professionnalisation politique ou judiciaire par le biais de cet apprentissage civique imposé aux gouvernésgouvernants. Le problème de la qualification subsistait pourtant. Mais il était traité de multiples façons.

Tout d'abord, les titulaires de fonctions incompatibles avec l'amateurisme échappaient au hasard et se voyaient élus à main levée pour des mandats indéfiniment renouvelables. C'était le cas des dix trésoriers, des agents comptables, des responsables des services techniques, de certains agents du culte, des dix « stratèges » – généraux et amiraux – chargés, également, de la diplomatie ainsi que des officiers. De leur côté, les deux mille magistrats et les six mille jurés tirés au sort chaque année devaient être expressément candidats, subissaient ensuite un interrogatoire de moralité et étaient presque toujours assistés par des professionnels permanents, le plus souvent des esclaves lettrés.

De plus, l'inexpérience des néophytes trouvait un palliatif dans les procédures collégiales généralisées à tous les niveaux de l'appareil public, les responsables élus tout comme ceux désignés par la fève devant se soumettre en outre à des contrôles répétés, suivis le cas échéant de poursuites judiciaires. Enfin, à partir du IVe siècle, l'établissement de listes d'habilitation à certains postes a commencé à combiner la logique de la démocratie égalitaire et celle d'une méritocratie* sélective.

De toute façon, la considération dominante touchait à l'authenticité populaire vécue du régime démocratique plutôt qu'à sa pertinence en tant que système de gouvernement servant la puissance et l'avenir de la Cité-État. Hérodote (484-425) le premier, ou plus tard Aristote, concevaient sans ambiguïté que, même néfaste, l'égalitarisme brutal du tirage au sort constituait la règle d'or du gouvernement, puisque ce procédé pouvait seul assurer le respect d'une citoyenneté fondée sur un principe de ressemblance absolue entre les détenteurs provisoires de l'autorité et ceux qui devaient leur obéir à titre non moins temporaire en attendant de les remplacer. Dans cette perspective, le souci prévalant de rendre la démocratie effective en offrant à tous ou presque des chances d'y jouer un rôle actif conduisait à interpréter cette égalité au pied de la lettre, dans la vision d'une sorte d'omnicratie*. A l'inverse, la procédure élective prenait figure de mécanisme visant à la détourner, à réduire les plus humbles et les moins chanceux au statut de spectateurs, à rétablir de manière hypocrite la prime octroyée à ceux qui avaient toujours le talent de se situer au-dessus de la masse.

Les Grecs voyaient en effet dans l'élection un procédé qui cessait d'obéir au principe démocratique de ressemblance pour lui substituer un principe de distinction systématique entre un minuscule peuple actif et un immense peuple passif. L'élection leur apparaissait plus précisément comme le trait distinctif d'un régime aristocratique ouvert, certes pas uniquement circonscrit aux bien nés ou aux riches car accessible aux talents nouveaux, de surcroît attentif par philanthropie ou calcul aux revendications populaires, soucieux encore de s'appuyer sur une légitimité aussi large que possible afin de conforter ce que l'on appelle de nos jours sa gouvernabilité*, mais toujours préservé de l'ignorance et de la versatilité des masses de par la sélection de ses dirigeants supposés plus qualifiés qu'eux.

L'invention du régime représentatif ou le triomphe de la distinction

Ce régime électif, parent de la *politeia* d'Aristote, sera celui que les inventeurs du gouvernement représentatif moderne vont restaurer au XVIIIe siècle et qu'ils légueront paradoxalement à nos démocraties. L'idéologie de leur temps, celle de la philosophie des Lumières, prend la « pure démocratie » pour une vue de l'esprit. Rousseau lui-même est convaincu qu'elle n'a jamais existé et n'existera jamais, que tout au plus de petites communautés aux mœurs modestes pourraient s'en rapprocher sans l'atteindre. En outre, le régime parlementaire qui naît au même moment en Grande-Bretagne répudie plus encore la démocratie directe de la Grèce antique. La hantise toujours présente de la populace n'est pas seule en cause. La doctrine même du libéralisme*, telle que l'Anglais John Locke l'énonce en 1690, fonde l'adhésion à tout ensemble politique sur l'association volontaire d'individus liés par l'intérêt, en stipulant bien que ce dernier n'est pas l'intérêt général abstrait puisque « la fin principale et maîtresse des hommes unis en communauté sous l'égide d'un gouvernement est la préservation de leur propriété ». Dès lors, il voit mal comment le vaste peuple des démunis se sentirait concerné par cette protection, et comment la démocratie étendue à ceux-ci ferait autre chose que l'affaiblir.

Le dilemme qui consiste à savoir ce qui importe le plus, de la forme du régime à édifier ou de ceux qui ont le droit de le diriger, s'est trouvé ainsi tranché pour de bon cette fois. Il n'a plus été question au XVIIIe siècle de tirage au sort, ni de démocratie directe dont la Liberté des Anciens* s'accommodait quant à elle. La nouvelle conception de la Liberté des Modernes, telle que l'entendaient les instigateurs de ce qui deviendra la démocratie représentative, a orienté leur choix vers la première option, celle du meilleur régime. Celui-ci devait posséder deux qualités. Il convenait, d'une part, qu'il limite au maximum la puissance de l'État afin qu'elle n'interfère pas dans les affaires privées, alors que l'enjeu démocratique aurait consisté plutôt à déterminer qui devait légitimement gouverner après la répudiation de la souveraineté monarchique. Il importait, d'autre part, que ce régime fasse barrage de manière « esthétique » mais ferme à l'espoir des petites gens avides de faire entendre enfin leur voix ; cela quand bien même les artisans du gouvernement représentatif n'avaient d'autre argument que de se réclamer du consentement populaire pour cautionner leur autorité.

C'est ce double langage qui a introduit les contradictions qui affectent encore nos démocraties. D'un côté, les libéraux ont posé d'emblée, avec Locke et les constituants américains, que toute souveraineté devait reposer sur la volonté du peuple. Pour des raisons intellectuelles et pratiques, ils ont affirmé également que cette souveraineté demeurait indivisible, aussi bien quand un monarque l'incarnait conformément à la doctrine absolutiste du XVIIe siècle que lorsqu'elle se voyait attribuée en paroles au peuple tout entier. Mais, de l'autre côté, leur préoccupation réelle a consisté à préserver des atteintes populaires la république ou la monarchie républicaine qu'ils voulaient réserver à leur usage. C'est dans ce but que le principe de représentation des citoyens par des délégués qu'ils n'avaient pas nécessairement élus à titre personnel a, aux États-Unis comme en Angleterre ou en France, réglé définitivement le problème de la souveraineté du peuple. Imposé comme modalité exclusive de son exercice à partir du moment où les députés ont décrété qu'ils ne pouvaient recevoir de mandat impératif de la part de leurs électeurs puisqu'ils incarnaient le peuple à eux seuls, ce principe a permis de confisquer le Souverain* sans transgresser légalement sa nature indivisible. Tel est le coup d'État créateur de la future démocratie représentative orchestré par les parlementaires britanniques dès les années 1750, par leurs homologues américains quelques décennies plus tard, puis par les constituants révolutionnaires français. En un tournemain, on est passé de la souveraineté populaire au mythe de la souveraineté nationale, pour déboucher presque aussitôt sur celui de la souveraineté parlementaire. Certes, on feignait de désigner la même chose sous ces expressions différentes. Mais il ne s'agissait que d'enjoliver par l'élection le retour à la rassurante sélection de ceux que le patricien américain John Adams appelait les meilleurs et les plus sages.

Le procédé a cependant donné lieu aux deux variantes libérale et républicaine. Anglaise à l'origine, la variante libérale a postulé l'antériorité et la supériorité de la société par rapport au pouvoir politique, par conséquent la subordination de ce dernier aux désirs et à la nature des hommes tels qu'ils sont. Elle a exclu par là que l'État puisse vouloir les changer et, surtout, qu'il prenne des initiatives outrepassant les attributions limitées qui lui ont été explicitement concédées par le corps politique formé par les citoyens. En revanche, la variante républicaine du régime représentatif n'a pas été représentative dans ce sens limité. Dans sa version française plus encore qu'américaine, elle n'a pas admis que les individus ne sont que ce qu'ils sont, incapables pour la plupart de faire passer l'intérêt général avant le leur. S'inspirant du *Contrat social* de Rousseau, elle a posé, au contraire, qu'une ébauche de démocratie ne devenait concevable que si le gros des membres d'une communauté politique se pliait à l'idée d'une « volonté générale » imposable à tous pour le bien de tous. Rousseau écrit à ce propos : « Tous les services qu'un citoyen peut rendre à l'État, il les lui doit sitôt que le souverain [la volonté générale] le demande. »

Dans cette optique, la démocratie ne se limite donc plus au dessein libéral d'organiser l'exercice des droits préexistants des citoyens afin de contenir les velléités régaliennes toujours sous-jacentes de l'État. Elle consiste à confier à ceux qui prennent le contrôle de ce dernier le devoir sacré d'éduquer le peuple, afin qu'il devienne digne de la Terre promise d'une citoyenneté de l'abnégation parfaite. Cette vision a la générosité de croire en la perfectibilité humaine. Mais elle recèle ceci d'inquiétant qu'elle bouleverse le rang des contractants dans le « pacte social ». Elle situe l'État dans la position dominante d'un instituteur providentiel autorisé à « altérer la constitution de l'homme pour la renforcer ». Elle fait que la démocratie républicaine se revendique comme un projet éducatif, une œuvre missionnaire de conversion de païens à la religion nouvelle de la vertu civique parfaite. Bien que se réclamant du pluralisme des opinions et des intérêts, elle tend même à l'excommunication des réfractaires aux bienfaits d'une volonté générale qui n'est admise comme légitime que si elle a été programmée par avance depuis les sommets du pouvoir.

Le suffrage universel comme précaution

L'exclusion de la classe dangereuse

Le paradoxe saute aux yeux. Ne disposant d'aucun autre argument capable d'invalider le pouvoir des rois, les inventeurs des régimes représentatifs dont procède la démocratie devaient proclamer que le peuple était seul habilité à régner à leur place. Mais comme rien ne les effrayait davantage pour leur sauvegarde et celle de la propriété que les foules populaires ainsi glorifiées contre leur souhait intime, il leur fallait leur enlever toute possibilité d'expression, les priver en particulier du droit de vote et de candidature aux élections. Au fond, c'était tout le peuple des petits, celui des non-propriétaires, que les « honnêtes gens » et autres bien-pensants assimilaient à une masse d'émeutiers en puissance ne rêvant que de révolution sociale, en fait à une immense classe dangereuse dont le potentiel subversif devait être endigué à tout prix et bien qu'en contradiction absolue avec le principe d'égalité placé en exergue des Constitutions nouvelles.

L'inauguration du gouvernement moderne dans les deux prédémocraties fondatrices de l'Europe, en Angleterre et en France, s'est accompagnée par conséquent d'une restriction drastique de la citoyenneté qui a pris la forme du vote censitaire*. Comme on sait, celui-ci n'enregistre comme électeurs que les nationaux d'un pays qualifiés par le paiement d'un impôt minimal (cens) ou la détention d'une propriété de quelque importance. C'est en vertu de ce dispositif que, par éliminations successives, le corps électoral britannique est devenu plus restreint en 1832 qu'il ne l'était un siècle auparavant. De plus, l'extension progressive du droit de vote réalisée par la suite n'a tendu longtemps qu'à jouer le rôle d'une soupape de sécurité. Il s'agissait d'une part de rallier à la caste des électeurs nantis de nouvelles catégories de citoyens flattés de les rejoindre, et, d'autre part, de persuader par surcroît certains non-électeurs qu'après tout, ils le deviendraient peut-être un jour s'ils demeuraient respectueux du système établi. Mais, en 1885 encore, seulement 56 % des hommes adultes étaient admis à voter, et il faudra attendre 1918 pour que l'ensemble des Britanniques majeurs, les femmes de trente ans et plus il est vrai comprises, puisse le faire.

En France, les révolutionnaires de 1789 n'accordaient pas plus de confiance au peuple. Certes, la faiblesse de l'élite capitaliste et la nécessité qui s'imposait à la bourgeoisie de faire appel aux masses pour supplanter la noblesse s'y sont traduites par une diffusion plus grande des idéaux égalitaires vulgarisés par Rousseau ou Diderot. Mais, en partie du moins, cette

De la monarchie à la République dans la France de 1848.
Ph. © Giraudon.

attitude relève de la duplicité. Sous le couvert d'une orientation apparemment sensible à l'aspiration à la propriété des masses paysannes, la Révolution française a bien été strictement bourgeoise dans son effet politique avec, toutefois, un objectif opposé à celui des libéraux anglais. Presque dépourvue de base économique au début, l'élite révolutionnaire française a visé non à abaisser la puissance de l'État comme son homologue britannique mais, au contraire, à s'en assurer le contrôle afin d'accéder par voie d'autorité à une richesse que son manque de dynamisme économique et sa vision d'un enrichissement toujours fondé sur les emplois publics et la propriété foncière l'empêchaient d'acquérir autrement. Or si les terres de la noblesse et du clergé se trouvaient disponibles, si l'on veut, les paysans les convoitaient aussi et il importait de rendre légitimes des institutions qui les tiendraient en lisière. Pour amadouer les impatiences populaires, la sagesse recommandait donc de les assourdir sans les contester de front, par le biais d'une restriction tolérable du suffrage tamisée en outre par la procédure représentative. Ce système aurait pu avoir pour devise : « Puisque c'est le peuple qui seul est en droit de gouverner, le pouvoir est aux mains de ceux qui parlent en son nom. »

Ce refoulement se révélait toutefois plus délicat à réaliser qu'en Grande-Bretagne, au point que la Constitution de 1791 s'est limitée à distinguer les quatre millions quatre cent mille citoyens « actifs » des deux millions de citoyens « passifs » privés de voix de par « la nullité absolue de [leur] fortune ». Mais la pression de la rue diminuant après la fin de la Terreur, une nouvelle forme d'exclusion, celle du vote par collège*, vint ensuite compenser cette ouverture relative de la citoyenneté active. En 1791, quarante-quatre mille grands électeurs choisis parmi les plus taxés détenaient déjà la prééminence. Ils ne seront plus que vingt-cinq mille en 1794, et, en 1799, la proclamation du suffrage universel* par le Consulat va s'assortir de la création d'un troisième collège, où six mille électeurs seulement désigneront en dernière instance les députés au nom des six millions de Français des deux autres collèges. La période révolutionnaire débouche, ainsi, sur un triomphe de l'élection comme principe de distinction d'esprit aristocratique entre un « peuple chef » et le peuple des multitudes. Par comparaison, sous la Restauration et la monarchie de Juillet, l'application d'un suffrage censitaire sans déguisement apparaît de 1815 à 1848 comme un progrès « démocratique », puisque les cent deux mille électeurs de 1820 disposent au moins de bulletins de vote d'une valeur égale.

Les urnes contre la Révolution

Il est vrai que c'est aussi en France, et en Suisse, que la hantise de la menace révolutionnaire associée à l'octroi d'une citoyenneté de plein droit aux masses populaires disparaît en premier lieu, moins d'ailleurs par une conversion subite des nantis à la démocratie qu'en vertu de circonstances inesquivables. La peur d'une irruption dévastatrice des peuples qui auraient accaparé la raison majoritaire s'ils avaient été admis à voter continuait à agir partout à la veille des révolutions de 1848. Mais, la situation existant à ce moment en France, en Autriche-Hongrie, en Prusse ou en Italie présentait des points communs avec les transitions démocratiques de ce temps. D'un côté se situaient les intransigeants, pour qui le risque de susciter, par un

Le suffrage universel.
La « démocratie nationale » ou le mariage du fusil du service militaire obligatoire et de l'urne du citoyen conscient de son devoir électoral. Dessin humoristique de 1848.
Ph. © Harlingue/Viollet.

refus du suffrage universel, des insurrections que l'armée écraserait restait préférable au déluge politique que celui-ci ne pourrait qu'engendrer à terme, et, de l'autre, les « réformistes » de l'époque, enclins par pragmatisme à s'entendre avec les modérés du bord adverse pour tenter l'expérience de la démocratisation* électorale.

En cette période d'éclosion des idéologies socialistes, cette seconde option rencontrait il est vrai de fortes résistances. En Angleterre, la classe politique n'avait osé élargir le suffrage que par petites doses et préférait miser sur une stratégie indirecte vis-à-vis des masses : celle qui consistait à atténuer la misère des pauvres des fabriques en diminuant de moitié le prix des produits alimentaires grâce à l'instauration du libre-échange*. Certes, cette abolition des barrières douanières ruinait l'agriculture nationale en facilitant l'importation de denrées à bon marché. Mais, politiquement, elle démontrait à la classe ouvrière anglaise que la misère du plus grand nombre, qui, jusque dans les années 1840, était apparue comme une fatalité, avait cessé de l'être en ce qui la concernait, sans révolution et sans que les urnes ou les agitateurs extrémistes y eussent été pour quoi que ce soit. Liée à la supériorité technique, commerciale, financière et industrielle de la Grande-Bretagne, cette formule, qui ne trouvait alors guère d'équivalent qu'aux États-Unis, demeurait toutefois encore hors de la portée des autres nations européennes.

En France en particulier, la première « transition démocratique » ouverte en 1848 avec l'adoption du suffrage universel masculin s'est opérée dans un contexte d'arriération économique relative, de convulsions insurrectionnelles chroniques et d'accès d'autoritarisme récurrents depuis le Premier Empire. Au demeurant, elle n'a reflété à son origine que l'obligation dans laquelle le gouvernement qui avait succédé au roi Louis-Philippe s'était trouvé d'abolir le vote censitaire sous la pression de la rue. Pourtant, dans sa signification durable, cette transition réussie vers la démocratie apparaît avec le recul des années comme le produit inattendu de la réaction défensive de majorités provinciales excédées par les barricades parisiennes et le spectacle de tournants constitutionnels dictés par des émeutiers plutôt que par les électeurs. Si les Français ont conquis le droit d'aînesse démocratique, ils l'ont fait ainsi en vertu d'un paradoxe : celui qui a fait que le suffrage universel, inscrit dans la Constitution de la Deuxième République à seule fin d'étouffer l'incendie du soulèvement de 1848, a pris aussitôt figure de rempart bien plus efficace que la force armée contre la subversion révolutionnaire.

Sans que la chose ait été préméditée, la masse de la population aussi bien que les dirigeants libéraux ont découvert la portée conservatrice du vote populaire dans une société alors encore paysanne et hostile au changement dans sa plus grande part. Démentant l'appréhension des politiciens bourgeois, le scrutin présidentiel de décembre 1848 puis les législatives de mai 1849 ont illustré ce phénomène sans attendre, en assurant la victoire du prince Louis-Napoléon Bonaparte et l'élection de cinq cents députés de droite ou du centre sur sept cent cinquante. Surtout, il s'est confirmé tôt ou tard dans les autres pays industriels de l'Europe de l'Ouest que, loin d'agir en cheval de Troie du grand raz-de-marée social comme Marx l'avait pensé, le suffrage universel avait, à l'inverse, mis un terme à l'ère des révoltes populaires violentes pour leur substituer un mécanisme arithmétique de règlement pacifique des conflits qui, tenant les inégalités pour inévitables, ne visait plus qu'à les rendre tolérables.

La démocratie représentative

C'est en vertu de cette dédramatisation du suffrage universel que le régime représentatif fermé inauguré en Angleterre a cédé peu à peu la place au mode de gouvernement plus ouvert qu'est la démocratie représentative. Certes, la relève ne s'est pas effectuée sans difficultés ni sans longs délais parfois. La Suisse la réalise, comme la France, à partir de 1848. Mais avec la guerre de Sécession, les États-Unis ne prennent de leur côté le virage qu'incomplètement, en laissant les Noirs exclus des droits civiques réels pour près d'un siècle encore. Parallèlement, pour des raisons qui relèvent largement de la nature égalitaire, pacifique et religieusement unifiée de leurs sociétés, la Nouvelle-Zélande et les pays scandinaves vont, entre 1890 et 1907, passer d'un coup au suffrage universel masculin et féminin. En revanche, d'autres pays encore, comme l'Espagne et l'Italie, ne se résignent dans les années 1880 et en 1912 à universaliser le suffrage masculin qu'en le dénaturant par des pratiques clientélistes, par l'intimidation des opposants ou par la fraude pure et simple. Cela sans oublier que la démocratie représentative ne se banalise vraiment en Europe de l'Ouest qu'avec la guerre de 1914-1918, à l'issue de laquelle la Grande-Bretagne et la Belgique tout autant que l'Allemagne se décident seulement à généraliser l'accès à la citoyenneté électorale. Mais il n'empêche qu'un régime à la fois nouveau et toujours aussi éloigné de celui de la ressemblance entre les gouvernés et les gouvernants se construit bien dans les soixante années qui précèdent le premier conflit mondial.

D'un côté, ce régime abroge toute distinction juridique formelle entre les pauvres et les riches ou les citoyens passifs et actifs, en devenant ainsi démocratique dans son assise électorale au moins, semblable presque trait pour trait à celle des démocraties présentes. De l'autre côté, cependant, la légitimité très augmentée qu'il en retire le renforce en tant que système représentatif à peine moins séparé qu'avant du citoyen de base, puisque transformé en apanage et presque en « outil de travail » du groupe toujours réduit des professionnels de la politique qui se sont substitués aux notables de jadis.

Les notables des régimes représentatifs classiques ne faisaient nul mystère de la distance qui les séparait du peuple. Bien qu'elles maintiennent le dogme de la représentation comme procédure exclusive de l'exercice de la souveraineté populaire, il n'en va plus de même dans les démocraties modernes. En effet, alors que les notables d'hier n'avaient cure des sentiments des petites gens, ceux qui ont fait carrière après eux dans la capitalisation des voix ont tendu à exiger du peuple qu'il adhère intimement à ce dogme, sans la moindre restriction ne serait-ce que mentale et sous peine de se voir accuser d'incivisme antidémocratique en cas de manque de foi. L'objectif affiché pour justifier cette exigence a certes de quoi édifier puisque, dans sa version républicaine et jacobine en particulier, il ambitionne d'éduquer les citoyens, de les rendre soucieux du bien public, en définitive persuadés de ce qu'ils n'en ont pas encore conscience eux-mêmes et doivent déléguer à d'autres le soin de faire les lois et de gouverner. Cependant, cette louable intention ne peut masquer que, dans le cadre de la professionnalisation de plus en plus poussée du personnel démocratique, ceux qui l'expriment n'ont d'autre faculté que de prêcher ce catéchisme représentatif s'ils entendent persister dans un métier que les notables dotés d'autres moyens d'existence et d'un statut social indépendant pouvaient se permettre d'abandonner de manière provisoire ou définitive. Surtout, une fois fondé sur le suffrage universel, le monopole démocratique octroyé au principe de représentation s'impose avec une autorité telle qu'il invalide par avance toute contestation. Il s'apparente à ce que Pierre Bourdieu appelle la violence symbolique, soit celle qui est acceptée comme allant d'elle-même par ceux qui la subissent.

Il ne s'agit pas là que d'une formule littéraire. La panoplie des moyens, des justifications ou des effets induits offerte aux élus du suffrage universel s'est considérablement élargie par rapport à celle dont disposaient les représentants censitaires, réduits à ne recourir qu'à la prison ou à la force des baïonnettes pour venir à bout des récalcitrants. La trajectoire historique qui conduit au droit de vote pour tous est, en effet, également celle de l'installation systématique de l'État-nation* moderne avec ses deux principaux instruments de « programmation civique » : d'une part le service militaire obligatoire des hommes conviés plus tard à déposer un bulletin dans l'urne, d'autre part l'instruction publique des futurs citoyens du premier puis du second sexe.

Hors la Grande-Bretagne, la conscription s'est imposée au regard des exigences techniques des guerres de masse que les États nationaux en voie d'achèvement se sont livrées de la Révolution française à 1918. Ce n'est, au vrai, qu'une sorte d'imagerie d'Épinal qui a donné à croire que l'encasernement des jeunes hommes obéissait au motif élevé d'un brassage social, puisque les pauvres et les ignorants tout comme les riches et les instruits restaient entre eux, chacun de son côté, les seconds d'ailleurs souvent dispensés longtemps de porter les armes ou conviés au rôle distingué d'officiers. Ou bien, s'il y a eu une autre raison au service obligatoire que la raison militaire, tout au plus a-t-elle correspondu à la volonté d'homogénéiser ceux qui allaient être bientôt citoyens, de les roder en somme à la discipline civico-nationale de la façon la plus directive qui soit.

L'instruction publique généralisée qui est intervenue ensuite a obéi à des motivations plus complexes.

Celles-ci étaient incontestablement généreuses et philanthropiques chez certains, soucieux d'élever le peuple. Elles pouvaient au moins se révéler pragmatiques chez d'autres, désireux de fournir au pays une main-d'œuvre et des soldats qui sachent lire et écrire. Elles étaient aussi « sécuritaires » chez d'autres encore ; ainsi pour Victor Hugo selon qui ouvrir une école revenait à fermer une prison. Mais quel qu'ait été l'objectif, il s'est toujours concilié, durant des décennies, avec le dessein d'inculquer aux enfants leur futur rôle de citoyens respectueux des lois, des valeurs et des mérites de la démocratie représentative. C'est ainsi que l'on a pu aboutir à une manière de renversement de son concept avec le juriste Hans Kelsen qui, sous la première république allemande de Weimar, a non seulement distingué le « peuple-chef » des représentants du vaste peuple de leurs sujets, mais posé que la démocratie était un État de droit avant d'être celui de l'expression de la volonté populaire. Assurément, cette vision n'empêche pas que la démocratie demeure dans l'abstrait comme un idéal forcément inachevable. Mais, considérées de plus près, les démocraties représentatives apparaissent plutôt, quant à elles, comme des régimes destinés à convaincre les gouvernés de se sentir impliqués – compromis – dans la responsabilité des décisions prises par les gouvernants alors qu'ils ne l'ont guère été en réalité.

De la démocratie électorale à la démocratie sociale

L'effet Tingsten

L'aventure démocratique ne correspond donc qu'en partie à cette conquête glorieuse de la liberté dans l'égalité qu'on se plaît à célébrer dans les « lieux de mémoire ». Les masses politiquement exclues qui se battaient parfois sur les barricades plaçaient sans nul doute de grands espoirs dans le suffrage universel. Mais l'universalisation du droit de vote n'a pas contribué qu'à satisfaire leur soif de dignité et à justifier à leurs yeux des régimes représentatifs toujours assez exclusifs dans le recrutement de leurs dirigeants. Dans nombre de pays, pendant la phase délicate de la « consolidation démocratique », elle s'est accompagnée paradoxalement d'un effet conservateur qui a apporté une preuve supplémentaire de ce qu'elle n'avait rien qui puisse inquiéter les possédants.

Certes, le suffrage universel n'a pas eu cet impact en France, où sa pratique s'était déjà imposée sous Napoléon III, avant même que la Troisième

République ne fût intronisée en 1875. De ce fait, le « devoir électoral », entré très tôt dans les habitudes des couches populaires, s'y est traduit plutôt par un renouvellement de l'appartenance sociale des élus. De plus, ces derniers ont présenté cette particularité de se réclamer souvent de la gauche, s'agissant notamment des radicaux, mais de soutenir jusqu'en 1914 des gouvernements qui, bien que parés de cette étiquette, ont appliqué des politiques économiques et sociales de droite qui ne menaçaient nullement l'ordre établi (pour compenser cette contradiction, les gouvernants républicains se sont adonnés à un anticléricalisme dont le spectacle vengeur a masqué leur inertie en matière sociale ou fiscale). En revanche, en dehors de la France, c'est bien l'extension du suffrage qui explique pourquoi les pays de l'Europe du Nord ou la Grande-Bretagne ont vu se ralentir un temps la progression des partis ouvriers alors même que l'on appréhendait au contraire leur irruption déstabilisatrice.

Analysant les statistiques électorales disponibles pour ces différents pays entre 1900 et 1936, le politologue Herbert Tingsten a même érigé ce phénomène en « loi ». Il a montré que, loin d'y déboucher sur une poussée subite des partis ouvriers, l'extension du droit de vote y a renforcé les formations conservatrices durant un temps variable. En premier lieu, la généralisation du suffrage masculin a accru l'abstention pendant un nombre appréciable d'années, en suggérant ainsi que beaucoup des nouveaux électeurs potentiels n'étaient guère intéressés au début par l'exercice du droit de vote. En deuxième lieu, cette attitude absten-

Manifestation de suffragettes américaines. *Le vote féminin parachèvera le suffrage universel (New York, avant 1914).* Ph. © PPCM.

tionniste des milieux prolétariens rapportée à un corps électoral élargi de façon globale a marginalisé plus encore la frange extrémiste de l'électorat restreint préexistant. En troisième lieu, l'entrée dans la citoyenneté de nouveaux votants peu préparés à leur rôle a facilité les manipulations clientélistes des notables aussi bien que celles des machines électorales des partis anciennement implantés. Plus tard ou en même temps, en outre, l'adoption du vote des femmes a entraîné des résultats immédiats assez analogues. Pendant un temps, ce vote féminin a, du fait toujours de l'abstention, limité davantage encore que l'élargissement du suffrage masculin la participation électorale à cause principalement de la défection des électrices d'origine populaire. Puis, quand le vote féminin est devenu réalité, il a joué d'abord en faveur des partis conservateurs ou modérés de par l'attrait exercé sur les électrices par les formations cléricales et chrétiennes-démocrates, ou encore protestantes. Enfin, Tingsten a observé, également, que l'avancement de l'âge du vote dans les pays de l'Europe du Nord, de vingt-cinq à vingt et un ans puis à dix-huit, a amorti de façon identique, par le biais de l'abstention, l'impact de cette ouverture démocratique.

Il ne faut pas se méprendre pour autant sur le sens de cette passivité populaire à l'aube de la démocratie représentative. Elle reflétait bien les traits de la misère paralysante dans certains cas. Mais il y avait d'autres cas où l'électeur ouvrier se mobilisait à l'appui des formations sociales-démocrates ou travaillistes naissantes, et d'autres encore où les salariés des fabriques et des campagnes refusaient de se reconnaître dans une gestuelle électorale qui leur semblait relever de la comédie. La discipline marxiste de la social-démocratie allemande et autrichienne ou l'encadrement syndical puissant des travailleurs scandinaves ont en général limité ce mépris des urnes. En revanche, l'orientation anarcho-syndicaliste prise jusqu'en 1936 par le mouvement ouvrier en Espagne et, jusqu'en 1914 au moins, en Italie ou en France a, tout à l'inverse, exacerbé cette perception négative de la démocratie des bourgeois. En France, en particulier, en dépit d'une participation électorale moyenne assez élevée, l'écrasement en 1871 de la Commune de Paris par un gouvernement réactionnaire élu au suffrage universel a sonné pour des dizaines d'années le glas des espoirs que les prolétaires et leurs leaders avaient pu placer dans un changement politique et social opéré par voie légale et pacifique. Deux peuples français antagonistes se sont dès lors formés, l'un rassuré par le nouveau cours des événements, l'autre replié après la Révolution russe de 1917 et jusque dans les années 60 dans la contre-société communiste et son projet de démocratie réelle.

Le défi de la démocratie réelle

Depuis la faillite des systèmes communistes, ce défi lancé à la démocratie représentative par ceux qui ne l'interprétaient que comme un cadre destiné à dresser un barrage plus subtil que le suffrage censitaire à l'avènement d'une démocratie servant cette fois sans subterfuge la cause du peuple semble des plus dépassés. En effet, il est difficile de ne pas voir que, sous prétexte de créer la société sans classes et d'accoucher de l'homme nouveau uniquement dévoué à la cause de ses frères travailleurs, le socialisme réel* des communistes n'a guère produit que la tyrannie du parti unique et l'échec économique. Il n'empêche que chez les intellectuels progressistes comme dans ce que l'on a appelé le prolétariat, la démocratie des « comédies électorales » est bien apparue, pendant près d'un siècle, comme le leurre qui permettait de dissimuler les inégalités sociales sous le couvert de la pseudo-égalité des droits civiques.

Les anarchistes acharnés à sa destruction contemplaient cette démocratie sans plus d'égard qu'une quelconque dictature. Dans leur passion messianique, la famille, la religion et surtout l'État, quel qu'il soit, despotique ou démocratique, n'étaient pour eux que les instruments de l'aliénation de l'homme et de la perpétuation de la propriété qui fondait l'inégalité. De leur côté, les marxistes se révélaient plus hésitants, Marx lui-même ayant cru un moment que l'instauration du suffrage universel en Grande-Bretagne aurait dû y entraîner la révolution. Mais par la suite, le formalisme des élections n'a plus été considéré par les marxistes que comme un expédient facultatif dans la lutte pour une démocratie réelle qui n'avait que faire de la représentation des intérêts des exploiteurs. D'ailleurs, la Révolution russe a paru enfanter cette démocratie rédemptrice de manière bien plus rapide et efficace que ne l'aurait fait une stratégie réformiste peu recommandable de par son pouvoir d'endormissement des masses. Dès lors, la dictature du prolétariat a pris figure d'accoucheuse par excellence de la démocratie parfaite qui lui succéderait.

Une fraction importante des couches laborieuses partageait ce point de vue dans l'attente du Grand Soir de l'écrasement des bourgeois. En France en particulier, la république n'était pas le régime que les ouvriers attendaient mais, simplement, une nouvelle version de l'État oppresseur qui leur demeurait tout aussi étrangère que les précédentes. On voit, par là, que le problème initial de la démocratie politique n'a pas consisté à démontrer sa viabilité aussitôt assurée par l'abstention de ses adversaires les plus irréductibles ou par le vote d'acquiescement résigné du gros du peuple ouvrier. Il a été d'étendre sa légitimité, de la transformer en évidence dépourvue de solution de rechange en la faisant admettre, aussi, de ceux qui attendaient moins un bulletin de vote qu'une reconnaissance sociale capable de mettre fin à l'humiliation des faibles.

L'invention de l'État-providence

Pourvoir la démocratie politique d'une légitimité sans rivale révolutionnaire obligeait à démontrer aux laissés-pour-compte des sociétés libérales les avantages à tirer d'institutions qu'ils contemplaient avec hostilité ou scepticisme. Le rappel de la naissance des régimes représentatifs fondateurs nous blesse déjà. Mais beaucoup de ses contemporains ouvriers la ressentaient de façon plus négative encore, privés qu'ils étaient du réconfort procuré à leurs descendants par le constat des bienfaits d'une démocratie devenue redistributrice. A l'évidence, ils ignoraient qu'ils étaient les témoins d'une transition à l'issue indéterminée, marquée d'une part par l'ambiguïté d'attentes populaires partagées entre l'anxiété devant l'aventure révolutionnaire et la faim d'un changement, et régie d'autre part à son début par la logique d'écrasement social du libéralisme.

Cette logique obéissait avant tout à une dynamique économique même si elle avait pour corollaire le primat de la liberté d'initiative individuelle face aux prétentions de l'État. Dans cette mesure, la démocratie représentative ne représentait que l'outil politique mis au service de cette finalité libertaire largement économique qui refoulait l'autre composante du binôme démocratique, soit la quête de plus d'égalité. Au-delà, la démocratie comme dispositif strictement politico-institutionnel et juridique de garantie de la liberté d'entreprendre et de s'enrichir sans ingérence de l'État ou avec son appui contribuait, par cet agencement même, à justifier davantage encore la permanence ou l'approfondissement des inégalités concrètes à partir du moment où l'égalité abstraite du droit de vote les cautionnait. Cette sorte de fatalité était choquante moralement. Elle se révélait aussi dangereuse pour ses bénéficiaires eux-mêmes, dans la mesure où elle tendait à faire renaître dans les masses une pulsion séditieuse que l'octroi du suffrage universel n'avait refoulée que provisoirement. La sagesse commandait, par conséquent, non pas d'instaurer une démocratie égalitaire ou populaire pire que la menace à écarter, mais de limiter l'impact inégalitaire de la démocratie libérale en confiant à l'État le soin de le compenser par des mesures de protection des plus démunis et de redistribution accessoire de la richesse.

Une autre observation s'impose en ce qui concerne les origines de ce nouveau régime où le libéralisme se teinte d'égalitarisme, et que l'on connaît aujourd'hui sous le nom d'État-providence. Il serait sans conteste mensonger de poser que ses artisans ne l'ont développé que par calcul politique, en cédant sur les marges afin de mieux préserver l'essentiel du droit de propriété. Tout au contraire, ils ont été bien intentionnés et progressistes pour la plupart, sensibles à la misère humaine, réformistes dans la perspective d'une résorption douce des facteurs d'inégalité. On ne peut oublier, cependant, que le premier architecte de cet État-providence a été Bismarck, longtemps chancelier et créateur de l'autoritaire Empire allemand des années 1871-1918, qui l'a inventé afin de contrecarrer la mobilisation des travailleurs par le Parti social-démocrate. Sa visée s'est trouvée facilitée par la radicalisation de la gauche ouvrière allemande opérée au congrès de Gotha, en 1875, avec l'unification de son courant socialiste sous l'égide de sa fraction marxiste extrême. Dès lors, il s'est agi pour Bismarck d'opposer à cet alignement révolutionnaire sa propre option de protection paternaliste des travailleurs ; option dont l'objectif a consisté à les rendre dépendants de l'État, en leur procurant sans attendre les miracles incertains promis par les idéologues, une sécurité matérielle capable de les détourner de la contestation partisane ou syndicale de l'équilibre politique, social et économique en vigueur. C'est ainsi que les propositions les plus immédiatement attrayantes du programme socialiste ont été appliquées dès les années 1880 par les autorités impériales, avec une avance d'un demi-siècle souvent sur la législation des autres pays européens pourtant gouvernés plus démocratiquement, en matière notamment d'assurance maladie, de retraite ou de couverture des accidents professionnels.

Dans les démocraties dignes de ce titre, en revanche, il a fallu attendre les années 1911-1913 pour qu'un embryon de protection sociale s'ébauche en France et en Suède en matière de retraite, ou en Grande-Bretagne en ce qui concerne la couverture maladie. Et ce ne sera qu'après 1930 et, surtout, dans les lendemains du conflit de 1939-1945 que l'État-providence se généralisera dans l'Europe de l'Ouest et du Nord. Le défi du communisme russe ou la poussée électorale du réformisme ouvrier qui s'opère après 1920 expliquent cette chronologie jusqu'à un certain point. Mais c'est bien davantage la guerre qui oblige avant comme après ce moment à répondre à la frustration des millions d'hommes mobilisés et force à cette réorientation redistributrice et sociale de la démocratie représentative. D'ailleurs, telle était bien la promesse d'un système étatisé de protection médicale gratuite faite dès 1942 par le « Rapport Beveridge » aux combattants britanniques ; promesse qui, plus tard, a inspiré à Michel Foucault ce pseudo-slogan cruellement ironique : « Allez donc vous faire massacrer, nous vous promettons une vie longue et agréable. »

Ce contexte troublant n'empêche pas que c'est bien à cette époque que le régime représentatif déjà élargi par le droit de vote accordé à tous les hommes majeurs puis aux femmes cesse de se placer sous l'enseigne unique du libéralisme économique pour adopter son visage présent. Et c'est, également, à partir de ce moment que tous ceux qui n'avaient rêvé que de la démocratie réelle entament leur conversion à la démocratie formelle, tandis que le peuple des citoyens s'unifie en s'agrégeant la classe ouvrière après que l'État-providence de la démocratie sociale fut parvenu à concilier de manière acceptable les deux exigences antagonistes de la liberté et de l'égalité.

L'incertitude démocratique du présent

Un dispositif qui échappe à ses ingénieurs

L'approbation dont jouit cette démocratie redistributrice relève davantage, malheureusement, du jugement comparatif que de l'enthousiasme. Certes, elle s'adresse à un régime qui n'a plus rien de commun avec ses mécanismes conservateurs d'autrefois. Mais elle s'applique, également, à un système éloigné de ses valeurs originelles, où l'esprit civique en particulier a largement cédé la place à une attitude de clients de l'État attachés au maintien de ce que l'on appelle les « acquis sociaux ». Il n'est, pour s'en convaincre, que de se souvenir de la dérobade du gouvernement français devant l'augmentation du prix des carburants lors de la préparation du budget 1997, quand le gazole a continué de bénéficier d'une fiscalité plus avantageuse que l'essence moins polluante parce que cet avantage avait paru se transformer lui aussi en acquis social intouchable pour un peuple devenu moins démocrate que « diésélisé »... En outre, de manière plus générale et en dépit des protestations verbales, le prix attaché désormais à la démocratie s'apparente plus à un acquiescement à ce que l'on ne craint nullement de voir disparaître qu'à l'affirmation du principe d'une souveraineté populaire dont personne n'ignore qu'il se trouve contourné à chaque instant pour des raisons de « gouvernabilité » (les esprits forts admettant que le peuple prend presque figure de gêneur dans « sa » démocratie).

En définitive, c'est sans doute la découverte même d'un trait primordial d'une logique démocratique caractérisée aujourd'hui de moins en moins par ce principe et, de plus en plus, par l'ensemble des procédures d'un État de droit muet sur le devenir des hommes qui, bien qu'elle reflète un progrès de l'intelligence politique des citoyens, achève de créer la perplexité qu'ils nourrissent à son propos. L'inconscience des certitudes infondées se révélait plus sereine.

Sous l'apparente continuité de ses règles constitutionnelles, la démocratie a modifié sa nature para-institutionnelle. Ce qui est en cause à cet égard ne concerne pas le vote des femmes, l'abaissement de la majorité électorale ou l'accession des ressortissants de l'Union européenne à une citoyenneté limitée en général aux élections locales et régionales, toutes nouveautés qui n'ont pas influencé beaucoup son équilibre. Ce qui importe est que, au tournant du XIXe et du XXe siècle, les régimes parlementaires* de jadis, où les députés orientaient depuis leurs assemblées l'action ou l'inaction des gouvernements, ont d'abord

Une majorité d'un jour. *D'un référendum sur le traité de Maastricht à un autre, au Danemark. Est-ce non ou bien oui ?*
Ph. © J. Bergman / Gamma.

cédé la place à une démocratie régie par les partis au gré de tractations menées par un personnel dont l'élection et la carrière tout entière dépendaient de leur soumission à ce jeu partisan. Puis, après 1970, comme le note Bernard Manin, c'est une « démocratie du public » qui s'est installée, refaçonnée par la relation immédiate que la télévision et les nouvelles technologies de la communication ont établie entre les responsables politiques et la masse des électeurs.

Partout dans les sociétés industrielles où les politiciens feignent de s'interroger sans trêve sur les besoins, les sentiments et les émotions des populations qu'ils gouvernent, le martèlement quotidien des sondages a remplacé les acclamations ou la sanction des élections partielles. En bref, l'époque des discours fastidieux dans les préaux d'écoles est dépassée. Il faut maintenant montrer que la politique est un délassement, prouver que le sévère débat démocratique s'est transformé en loterie à domicile ; à la limite, anticiper sur l'avènement d'une télédémocratie branchée sur Internet, où chacun opinera sur les affaires en cours sans avoir à se déplacer vers un bureau de vote. Cette proximité apparente aurait du bon si elle relançait la participation démocratique. Il n'en est rien malheureusement.

Dans la démocratie du public, la complexité des problèmes de l'État renforce à l'inverse le rôle des experts qui élaborent des projets de loi que l'exécutif* transmet clés en main au Parlement. De plus, le nombre des décisions d'ordre réglementaire édictées directement par ces experts au regard de « référentiels » des politiques publiques dont l'électeur de base n'a aucune idée l'emporte de loin sur celui des mesures législatives dont la discussion fait au moins l'objet d'une information. Dans ces conditions, la représentation nationale élue aussi bien que l'intérêt général qu'elle est censée servir se trouvent ignorés par les relations directes que l'État entretient avec les organisations professionnelles ou syndicales et les groupes de pression. Et dès lors, c'est le principe d'égalité et son corollaire, la méritocratie, qui succombent au nom de la « gouvernabilité » devant l'incivisme régulateur de ce « néocorporatisme* » de défense et de promotion des situations acquises par telle ou telle catégorie privilégiée par sa position stratégique dans l'économie ou la société. Malgré son nom, la démocratie du public dresse peu d'obstacles devant ces dérives. En revanche, elle entraîne des inconvénients graves sur le plan des comportements individuels comme du fonctionnement de la démocratie.

Ce spectacle de la politique en temps réel dévalorise l'information méditée chez les citoyens. Il contraint les politiciens à changer de peau pour se plier aux recettes d'un marketing permanent, octroyant ainsi une prime aux professionnels passés maîtres dans l'art d'amuser la galerie face à ceux qui n'ont pour eux que leur authenticité sociale ou la rigueur des arguments. De la sorte, il personnalise le jeu politique à outrance, réintroduit plus que ne le fait le Front national le populisme par la lucarne du téléviseur, et ravale en définitive la dignité des gouvernés aussi bien que celle de leurs gouvernants. Par ailleurs, s'agissant du fonctionnement même de la démocratie, le nouveau cours des choses fait que ce qu'il pouvait avoir de volontariste se trouve supplanté par des contraintes économiques intérieures et extérieures que le théâtre médiatique ne sert qu'à masquer. Les crises politiques n'ont plus rien à voir avec les conflits de classes. Elles ne font plus que naître de manière plus ou moins directe des crises économiques.

Acquiescement ou légitimité ?

Cette corruption de la démocratie contraste curieusement avec le prestige externe sans précédent qu'elle a acquis. Avant 1914, sa légitimité restait contestée par des masses en mal de révolution sociale. De 1918 aux années 70, elle s'est heurtée ensuite à la concurrence un moment presque triomphante des modèles fasciste ou communiste. En revanche, depuis deux décennies, le modèle démocratique exerce dans le monde entier un véritable « impérialisme mystique », y compris dans les pays musulmans ou la Chine qui ne livrent qu'un combat d'arrière-garde contre son hégémonie devenue universelle dans son pouvoir de séduction alors qu'elle n'était auparavant que normative, inscrite seulement dans la tête des philosophes. L'Occident démocratique a, en somme, cessé de s'envisager comme un lieu géographique pour se muer en un « espace de temps » sans frontières : celui d'une modernité sans échappatoire, d'une actualité inesquivable qui fascine tous les hommes ou presque.

Plus question, dans ces conditions, de s'interroger sur l'acclimatation des pratiques électorales et du pluripartisme dans des milieux demeurés étrangers à leur substrat individualiste. La démocratie a cessé d'être perçue comme le régime qui viendrait couronner le développement de communautés enfin sorties du dénuement, ou d'apparaître comme une prédestination culturelle spécifique des civilisations « judéo-chrétiennes » accoutumées de longue date à une coupure entre la religion et les affaires politiques. Tout au contraire, l'attente impatiente de la modernité fait que la simple invocation de son nom semble ouvrir le chemin de la rédemption de la misère physique et morale jusque dans les villages les plus reculés de l'Afrique ou de l'Asie où la télévision et la radio pénètrent aussi.

Que cette attente débouche maintes fois sur des interprétations païennes de ses normes d'origine ne lui enlève rien. Sans conteste, l'Amérique latine est entrée dans l'ère d'une démocratie « délégative » où, plus apathiques encore que dans sa version représentative, les électeurs escomptent des miracles de dirigeants qu'ils prennent la peine un bref instant de désigner puis qu'ils renvoient dans un cycle sans fin la fois suivante, estimant que tout est à refaire depuis la racine quand ils découvrent que les prodiges promis par la loterie démocratique ne se sont pas produits. S'agissant de l'Afrique, par ailleurs, on sait trop que le règne de la majorité s'y confond souvent avec celui d'une ethnie avide d'exercer sa tyrannie sur les autres, ou encore avec le triomphe de courants religieux dont le projet consiste précisément à étouffer la liberté et le pluralisme. Tout cela ne cause pourtant qu'un léger désagrément sous nos latitudes. Au vrai, la démocratie en est venue à ne plus revêtir ici que la légitimité que les autres lui attribuent. S'ils la convoitent tant, sans qu'on sache ce à quoi elle doit correspondre exactement en ce qui nous concerne, c'est qu'elle demeure sans pareille. Rendue par là ineffable sur un plan dogmatique comme label de tout bon régime, elle ne requiert plus sur nos terres que le consentement assorti de réserve mentale réservé à son décor institutionnel.

Avec cela, la qualité approximative de beaucoup de jeunes démocraties tend même à rassurer sur les travers de celles qui se réclament d'une longue histoire. Les scandales indignent certes. Et Jean-Pierre Soisson n'a pas besoin d'attester que, « à l'UDF, tout le monde ignore à la fois le détail des listes électorales et les modalités exactes du scrutin » pour que l'absence de démocratie interne crève les yeux au sein même des partis et, plus encore, des syndicats . Rien n'y fait cependant. Le contentement paresseux persiste, bien que le commun des mortels n'ajoute plus foi aux programmes électoraux auxquels il préfère les bilans établis à titre personnel au vu des résultats obtenus. En même temps, cette satisfaction ne se détermine plus qu'au niveau d'une veille automatique qui dispense de toute implication active. Si donc la logique démocratique ne se trouve pas mise en cause dans son principe, l'État comme les dirigeants qui lui correspondent ne souffrent pas moins d'une désaffection profonde que les Belges ont manifestée de façon spectaculaire en 1996.

En Belgique comme en France, en Autriche, dans l'Italie des ligues, en Suisse, aux États-Unis ou en d'autres lieux, ce dépit qui vise le dispositif pratique de la démocratie s'exprime dans le succès de leaders ou de formations populistes – comme le Front national en France – qui dénoncent les partis classiques et l'hypertrophie de l'État-providence ou de l'Administration fédérale. En particulier chez les jeunes, il engendre aussi des comportements d'esquive de la politique. L'abstention permanente des nouveaux électeurs augmente depuis vingt ans dans la plupart des démocraties anciennes. Les partis autres qu'extrémistes voient fondre leurs adhérents, tout autant que les syndicats là où l'affiliation à ceux-ci n'est pas obligatoire comme en Scandinavie. En revanche, les groupes acquis à la violence « antisystème » grossissent dans les couches déshéritées en Allemagne, en Grande-Bretagne et aux États-Unis, tandis que le gros de la population militante satisfait chaque jour davantage sa volonté d'engagement plus pacifique dans des associations extrapolitiques de toutes natures.

En Angleterre, l'effectif des membres de la Société royale pour la protection des oiseaux dépasse à présent de loin celui du Parti travailliste. Et partout dans les pays riches, la quête de l'épanouissement personnel a cessé de trouver son exutoire dans les idéologies pour jouer au bénéfice des « espaces de liberté » offerts par les mouvements de protection de l'environnement, les cercles féministes ou de défense des minorités sexuelles, culturelles et ethniques, les organisations humanitaires ou de lutte pour les droits de l'homme, les associations locales ou de quartier, mais surtout pas dans celles qui affichent leur vocation partisane. C'est parce que le nouveau civisme traduit une recherche de valeurs authentiques qu'il se veut apolitique, comme s'il risquait de se dévoyer autrement, en oubliant bien sûr que la démocratie aussi bien que la citoyenneté dont il se réclame ne peuvent qu'être avant tout politiques.

Le fardeau de l'incertitude

Le malaise se révèle en outre plus profond qu'il ne paraît, car l'évasion civique dénoncée par les défenseurs de la morale républicaine en représente l'expression et non la cause. Il ne sert à rien de lui chercher des remèdes de circonstance, avec par exemple des référendums qui suscitent dans tous les cas – sauf en Belgique où le vote est obligatoire – des taux de participation plus bas que les élections ordinaires devenues elles-mêmes moins concourues. Inexplicable au vu de ses seules manifestations et rebelle au discours des moralistes, le désarroi démocratique actuel obéit à deux facteurs aux effets ambivalents – positifs ou négatifs – selon le point de vue qu'on adopte : d'une part, de l'épuisement de l'État-providence, d'autre part, de la découverte confuse mais douloureuse de la nature peu réconfortante et longtemps insoupçonnée du régime nommé démocratie.

La crise économique ne fait qu'accélérer la révélation de ce que l'État-providence et la démocratie sociale ont atteint les limites de leur capacité de redistribution matérielle, qu'au rythme de croissance présent des dépenses d'éducation, de santé ou de paiement des retraites celles-ci absorberaient bientôt la totalité des ressources des pays de l'Europe de l'Ouest.

Avec cela, bien que sans le reconnaître souvent, leurs bénéficiaires ont pris conscience de ce que le mécanisme redistributeur produisait au bout du compte la frustration ou l'abaissement toujours plus grand des mal placés plutôt que le bonheur. Le constat est déjà fait en ce qui concerne la prolongation des études et la banalisation des diplômes qui, pour la majorité, ne débouchent pas sur des issues professionnelles et sociales conformes aux aspirations que ces études déclenchent. Au-delà, le plus gênant tient à ce que ce constat met en cause le principe général d'une égalité méritocratique des chances qui, censée régler cet afflux d'ambitions, n'aboutit qu'à légitimer une inégalité plus implacable qu'il y a cinquante ans, à désespérer la masse des mal ou trop peu diplômés, et plus encore des sans-diplôme transformés en nouveaux analphabètes. Cette usure de la démocratie sociale comporte ceci de cruel mais de potentiellement bon qu'elle empêche de conforter plus longtemps le citoyen dans son attitude de pur client de l'État protecteur, toujours demandeur et plus attaché à la « Sécu » qu'à son bulletin de vote ou à l'honneur d'appartenir au Peuple souverain. En même temps, elle a ceci d'inquiétant qu'elle subit le contrecoup de l'élément d'incertitude qui caractérise aussi la démocratie.

Dans *Le Désenchantement du monde,* Marcel Gauchet rappelle que les hommes ont vécu jusqu'à nos jours des certitudes prodiguées par leurs gouvernants. Celles d'un passé sacralisé garant d'un avenir immobile voulu par les dieux dans le cas de la plupart des communautés humaines ou bien, s'agissant de l'époque de transition qui vient de s'achever dans les sociétés occidentales où la transcendance divine associée à l'hégémonie de la tradition a été refoulée dans la seule intimité de la personne, certitudes liées à l'assurance explicite d'un avenir dessiné par avance par des utopies révolutionnaires ou des projets réformateurs qui donnaient d'ailleurs déjà son sens au présent. Or cette tradition a pris fin avec le discrédit des idéologies totalitaires aussi bien qu'avec l'érosion de la confiance placée dans le développement indéfini de la démocratie providentielle. A la fois prospères et en voie d'appauvrissement, les habitants des pays démocratiques ne peuvent plus ignorer qu'ils demeurent seuls entre eux-mêmes, pleinement sécularisés ou laïcisés, terriblement responsables de leur sort sans recours possible à un Autre rassurant au-delà du tamis accessoire de l'élection de leurs représentants, en conséquence solidairement souverains, gouvernés et gouvernants confondus, confrontés à l'unique certitude non pas de l'étoffe dont l'avenir s'habillera, mais de la simple permanence de ce dispositif de solidarité immédiate qui caractérise le lien entre l'État et la société modernes. La persistance de ce dispositif paraît en effet assez certaine, presque personne ne doutant qu'il continuera à gérer nos lendemains selon ses procédures prévisibles. En revanche, personne non plus ne se hasarde à imaginer ce que sera l'environnement futur de ce dispositif, au point que l'on n'ajoute même plus foi aux promesses des démagogues annonciateurs de prodiges. Sans doute les démocrates véritables le deviennent-ils au prix de cette lucidité qui les conduit à renoncer à un horizon collectif. Reste qu'il faut se demander si cette clairvoyance qui permettrait de prendre la démocratie pour ce qu'elle est, un mode de gouvernement aux résultats inconnaissables, se trouve dès l'immédiat à la portée de tous. Telle est la question qu'il convient maintenant d'aborder.

La démocratie a paru usurper son nom tant qu'elle n'a été qu'un régime dont les dirigeants formaient une caste de style aristocratique. Puis elle s'est faite séductrice avec l'État-providence. A présent, la souveraineté se trouve partagée entre l'État et la société face à un avenir devenu imprévisible.

Il s'agit aujourd'hui d'admettre que le dispositif qui nous est familier a fait son temps, de penser à ce que pourrait être le nouvel espace multinational annoncé, également d'envisager les mérites et les pièges des nouvelles formes d'appartenance que des minorités de toutes espèces revendiquent maintenant.

Une démocratie postreprésentative ?

« Nous sommes un peuple » *(page précédente).*
La revendication démocratique et la volonté de réunification à Berlin-Est (décembre 1989).
Ph. © T. Raupach / Focus / Cosmos.

La souveraineté à son crépuscule

La souveraineté sur l'espace

En dehors des États-Unis servis par leur puissance et de la Chine fortifiée dans son isolement, l'incertitude démocratique procède de nos jours de la mise à nu de l'étroitesse du pouvoir de l'État. Certes, cette faiblesse est ancienne. Depuis toujours, les gouvernements se sont heurtés dans le choix et la mise en œuvre de leurs politiques à des interférences internationales ou des facteurs géographiques qui contrariaient leur volonté. Les ambitions de la France ont buté au XVIIIe siècle sur une insuffisance budgétaire déterminée par son infériorité économique grandissante vis-à-vis de la Grande-Bretagne. Ou, plus tard, la crise mondiale des années 30 a dicté les décisions des États démocratiques jusqu'à la Seconde Guerre mondiale. Mais, justement, les guerres d'envergure destinées à rompre cette contrainte extérieure pesant sur l'exercice de la souveraineté interne sont devenues impraticables à notre époque. Surtout, la mondialisation* des circuits financiers, commerciaux et industriels entraîne, à présent, un changement d'échelle qui amplifie le « parasitage » de l'autonomie des États à un point tel qu'il est impossible de continuer à s'aveugler sur le fait qu'ils ne sont plus souverains que par convention, au regard du droit international mais plus dans la réalité.

Pendant deux ou trois siècles, l'État souverain a occupé la première place sur la scène mondiale, voire la seule légitime. Toutefois, après 1945, les organismes des Nations unies ont commencé à le concurrencer. Puis d'autres acteurs, cette fois aussi influents ou davantage que beaucoup de pays souverains, les ont rejoints, notamment des institutions financières comme le Fonds monétaire international* et la Banque mondiale*, également des structures en fait supranationales dont l'Union européenne fournit le prototype. Reste que cela n'était rien par rapport au bouleversement introduit par la mondialisation pour des gouvernements dont la souveraineté se diluait déjà. Celle-ci fait que, désormais, un spéculateur comme George Soros peut déstabiliser une monnaie en quelques jours, que plus largement les décisions politiques se voient conditionnées ou annulées par des jeux d'influences qui transgressent les frontières et obéissent à une logique non territoriale qui laisse les États impuissants dans l'espace dont ils possédaient auparavant la maîtrise. Si leurs dirigeants refusent d'admettre qu'ils sont, au bout du compte, « gouvernés » par des flux économiques qui leur échappent, ils constatent vite, ainsi que la majorité socialiste en a fait l'expérience en France après 1981, qu'ils ne donnent guère que des coups d'épée dans l'eau. De plus, l'économie n'est pas seule en cause. Ces flux interviennent également dans le domaine culturel, religieux et directement politique, s'agissant de la circulation des modes de consommation, des valeurs nouvelles ou de la diffusion heureuse du modèle démocratique aussi bien que de la propagation des intégrismes où l'islamisme voisine avec les particularismes génocidaires.

Le plus grave est qu'il n'en résulte pas qu'une disqualification de la souveraineté régalienne qui constituait l'attribut par excellence des États. Avec celle-ci, c'est aussi son autre face, la souveraineté nationale, qui se trouve rejetée dans le registre du mythe tandis que le concept même de souveraineté populaire prend visage d'illusion. Car à quoi servirait-elle donc, si la volonté majoritaire débouche sur des prescriptions qui ne peuvent s'appliquer que si elles coïncident avec les orientations tracées par des courants transnationaux indifférents aux désirs des peuples ?

L'État, en tant que tel, se voit de la sorte mis presque partout dans l'impossibilité de remplir l'obligation la plus ancienne de son contrat tacite avec la société, celle d'assurer la sécurité de ses membres sur le territoire relevant de son autorité, dont les théoriciens des monarchies absolues estimaient déjà qu'elle justifiait seule sa légitimité établie sur la foi même de leur consentement échangé contre cette garantie de protection. En outre, l'État démocratique, dont les buts sont censés obéir aux aspirations des citoyens avec lesquels il souhaite se confondre, s'accroche davantage encore à ce qui est devenu un autre mirage.

Soit celui qui touche à sa faculté de combler les attentes d'un peuple dans l'espace restreint qui relève de sa responsabilité, comme il le ferait dans une île entourée d'un océan sans fin alors qu'il n'en est plus rien, que cette tâche immense contredite par l'évolution de la planète ne lui échoit plus que comme le legs que lui ont fait les inventeurs de la notion de souveraineté populaire.

La souveraineté sur le temps

Il faut entendre cette sécurité dont la charge revient à l'État au sens le plus large, spécialement en ce qui concerne sa variante démocratique. Il ne s'agit pas seulement de la sûreté physique des personnes, dont l'« homme de la rue » estime qu'elle se détériore en raison de l'impuissance des pouvoirs publics à endiguer l'immigration, à appréhender les terroristes aussi bien qu'à prévenir les petits délits. Considérablement étendue par l'État-providence, elle englobe aussi celle de l'existence sous tous ses aspects, quasiment l'assurance du bonheur : logement, emploi, santé, vieux jours paisibles et matériellement pourvus, sans parler de l'éducation des enfants, dont tous les parents espèrent qu'ils vivront mieux qu'eux-mêmes. Or, dans ce cas également, les moyens d'action de la démocratie se dérobent de façon dommageable pour sa légitimité vécue. En effet, le pouvoir démocratique ne perd pas que son emprise sur l'espace présent avec les délocalisations d'entreprises, la transformation de quartiers en réserves interdites à la police ou les grèves dans des services publics qui acquièrent la réputation d'être ceux sur lesquels il faut compter le moins. C'est, tout autant, la possibilité de remplir l'autre terme du contrat politique moderne qui vient à lui faire défaut; celui qui l'oblige à préserver la continuité de la communauté placée sous sa protection ainsi que l'avenir de chacun de ses membres.

Cette détérioration est la plus redoutable car, depuis qu'il a délaissé la religion qui le tournait vers l'au-delà, l'individu vit maintenant plus d'espoirs terrestres que de l'autorité du passé ou de satisfactions immédiates. Rares donc sont ceux qui parviennent à se suffire de la vision d'un avenir collectif régi par l'unique certitude peu exaltante que les procédures démocratiques le caractériseront encore au niveau de la méthode, dans le cadre d'un ajustement dont les gouvernants et les gouvernés tireront le bénéfice partagé mais dans des circonstances qui seront ce qu'elles seront, indépendantes de la volonté des uns et des autres, par conséquent non maîtrisables et parfaitement imprévisibles. La sagesse de quelques-uns les rend peut-être capables d'affronter cette vérité. Mais quoi qu'en pensent les tenants d'une morale postmoderne de l'instant, le plus grand nombre des gens ne s'en contente pas. La majorité s'efforce de croire qu'il ne s'agit là que d'un épisode passager alors qu'il est devenu permanent et structurel. Elle entend toujours s'appuyer sur une perspective plus substantielle que celle d'un nouveau rapport au temps qui ne se définirait plus que par la persistance d'une recette de gouvernement, d'un avenir privé de toute visée de progrès commun et d'épanouissement personnel. On le voit bien, ainsi que les mouvements sociaux de la fin de

1995 l'ont bien illustré en France, quand les élites qui s'emploient à désengager l'État dans son soutien à l'ordre social se voient contestées comme si elles trahissaient leur rôle.

Cela n'enlève rien au fait que les praticiens de la démocratie se révèlent enfin honnêtes avec elle lorsque, ne prétendant plus conduire l'histoire et la société vers des horizons forcément meilleurs, ils confessent qu'elle « fonctionne » par essence sur une base d'incertitude. Tout en elle, en effet, relève d'une dynamique de l'imprévision, à commencer par ce trait qui fait que les représentants du peuple pas plus que ceux qui les choisissent ne savent s'ils conserveront leur mandat à l'issue de prochaines élections à la date elle-même incertaine. Mais cela n'est qu'un détail. Pour l'essentiel, la naissance de la démocratie du suffrage universel puis de son enfant, la démocratie sociale, a représenté le fruit de l'accident, de la surprise produite par des concours de circonstances successifs plutôt que par une invention intentionnelle. Ainsi en France, où un républicain convaincu comme Jules Ferry demeurait lui-même aussi peu favorable qu'un conservateur comme Adolphe Thiers à l'universalisation du droit de vote à la veille de l'instauration de la Troisième République. Simplement, le suffrage universel s'imposait à eux, puisqu'ils ne pouvaient faire moins que Napoléon III, qui l'avait rétabli en abrogeant les restrictions promulguées en 1850 par les libéraux de la Deuxième République. De plus, la démocratie procédurale actuelle repose, de façon cette fois fondamentale, sur la ruine d'un imaginaire politique qui exigeait de l'État ou de ses dirigeants la prévision volontariste du devenir de la communauté et la capacité de la réaliser impérativement.

Héritage du mythe justificateur de la Révolution française, le schéma de l'ennemi du peuple à dénoncer et à détruire qui a alimenté la tension entre la gauche et la droite a disparu dans les premières années de la présidence de François Mitterrand. Il ne préside plus à l'avancée sur l'itinéraire prémédité qui doit conduire vers une nouvelle société. D'ailleurs, ce but s'est lui-même évanoui, l'adversaire multiforme qui pourrait barrer son chemin n'étant plus repéré que par les populistes qui le voient s'incarner dans la mondialisation, ou par les syndicalistes archaïques qui l'identifient toujours aux patrons. Du coup, l'avenir ne se dissout pas que devant les gestionnaires de la démocratie ou les citoyens avertis qui ne l'abordent plus qu'au jour le jour, dans le brouillard des humeurs boursières, des cataclysmes inopinés à la manière de la chute du mur de Berlin, de l'emploi qui s'effiloche ou de soudains mouvements sociaux. Il se trouve nié de surcroît par les plus humbles qui sont écrasés par l'inquiétude, par ceux-là mêmes qui, faute de parvenir à concevoir le futur à leur guise, voudraient le préserver en le renvoyant au passé.

Controverse sur la continuité démocratique

L'idéal démocratique ne trouve à l'évidence pas son compte dans cette liquidation du projet social et moral qui le sous-tendait. En revanche, l'idée démocratique en tant que telle, délivrée de la nécessité d'entretenir le désir des citoyens par des perspectives optimistes et presque contractuelles sur la longue durée, devrait paradoxalement s'en trouver épurée pour qui interprète cet allègement comme un progrès dans la compréhension de ce qu'elle peut donner et comme un dépouillement des fausses promesses qui lui valaient l'attachement aveugle des hommes. Les professionnels de la politique de même que les adeptes de la science politique manifestent en général cette attitude.

Regrettant le déclin du rigorisme républicain dans des discours destinés à nourrir la piété civique de leurs auditoires, les politiciens apprécient en réalité leur faculté récente de pouvoir s'adonner au petit jeu de la vérité sans avoir à camoufler autant que par le passé leurs difficultés sous des assurances péremptoires. De leur côté, soucieux de se rendre utiles en délaissant des orientations critiques qui indifféraient les décideurs, les universitaires et les chercheurs se trouvent maintenant saisis d'un engouement pour l'étude des politiques publiques telles qu'elles s'élaborent et s'appliquent vraiment, sans envolée lyrique et dans le dédale étranger à toute utopie des circuits ministériels, administratifs et corporatifs.

Cette manière de contempler les choses porte le sceau de l'intelligence stricte. Elle met dans la bonne lumière un appareil démocratique qui se dispense enfin de la fuite en avant dans le temps. Tout au contraire, aux yeux de ceux qui adoptent cette posture, l'État démocratique, dans son agencement bureaucratique de cette fin de XXe siècle, compense cet abandon des annonces futuristes par son ouverture quotidienne aux aspirations et aux initiatives changeantes et contradictoires de ses administrés. Recourant à des procédures de consultation et d'arbitrage souvent spontanées ignorées par les assemblées élues, il réduit en somme avec avantage le choix des députés aux proportions de ce que Marcel Gauchet appelle un « rite explicitateur » dégagé d'autres prétentions. Le mystère du principe de la représentation dans la distinction des gouvernés et des gouvernants s'en trouve passablement désacralisé. En revanche, le jeu effectif d'une démocratie postreprésentative devenue plus réactive y gagne en dépit de son visage technocratique, surtout si l'on considère le point de vue complémentaire de John Rawls. Pour Rawls, c'est en effet sa conscience de la pluralité des valeurs incompatibles et incommensurables au sein d'une même société qui contraint cette démocratie administrative à rester neutre à leur endroit, et c'est à son tour cette neutralité qui la prédispose à une consultation permanente bien plus directe et plus sensible que celle que la représentation parlementaire peut assumer. Sans conteste, la distance est grande entre ces considérations et le dogme fragilisé d'un intérêt général contenu dans une volonté majoritaire exprimée par le dépôt d'un bulletin de vote. En revanche, pour qui estime que la souveraineté du peuple constitue autre chose qu'un symbole à objectif unificateur, ces vues réduisent sans nul doute l'écart existant entre la démocratie et les hommes.

L'ennui résulte, cependant, de ce que ces arguments se heurtent à une controverse non moins argumentée. Danilo Zolo, en particulier, qui s'intéresse également à la relation existant entre les institutions démocratiques et la complexité des sociétés postindustrielles, fait peu de cas de ces développements nouveaux dans son ouvrage *Democracy and Complexity*. A ses yeux, la « sévérité de la politique » impose ce pénible constat que, de par son principe comme en vertu de ses exigences de fonctionnement et de durée, la démocratie doit s'alimenter sans relâche de demandes et de besoins populaires qu'elle suscite bien au delà de sa capacité de les combler. Sa logique est en somme perverse. La démocratie s'abreuve de promesses explicites ou suggérées qu'il lui faut renouveler sans repos bien que sans nulle chance de les remplir jamais de façon apaisante.

Cet entraînement dangereux explique le désir que certains hommes politiques éprouvent d'interrompre cette course éperdue, tout en éclairant ce que les pessimistes interprètent comme le crépuscule d'une forme de démocratie. La controverse n'est toutefois pas résolue. Mieux vaut dire peut-être que la démocratie a suffisamment progressé pour permettre à toutes les exigences de s'exprimer, mais pas encore assez pour vaincre les résistances opposées à leur satisfaction. Ce jugement paraît moins inquiétant, surtout pour qui considère la perversité bien plus redoutable des systèmes totalitaires qui ont fait fi des modestes attentes de leurs victimes pour leur inculquer des espoirs inhumains.

Un baptême trop national

Le citoyen confisqué par la nation

Un autre point mérite réflexion. Comme prix de son passage de l'état de sujet des rois à celui de souverain symbolique de lui-même, le peuple s'est vu imposer le devoir d'investir par priorité son sentiment d'appartenance dans le cadre d'un pays soumis à un gouvernement centralisé régnant en son nom sur un territoire stable et réputé naturel. Dans ce but, il s'est vu inculquer un esprit civique d'orientation strictement nationale qui n'a pas cessé d'être l'étalon-or de la démocratie dans sa substance réelle. Le fait même de démocratiser un État préexistant, de vouloir transformer ses sujets jusqu'alors appelés à la soumission de par la volonté divine en citoyens persuadés de ce que leurs gouvernants ne « régnaient » qu'en vertu de leur consentement, impliquait cette rééducation. Il fallait que le dogme illimité dans son principe de la souveraineté populaire puisse, en restreignant son terrain d'application, se concilier avec la réalité relativement exiguë de cet État maintenu qui demeurait l'instrument politique essentiel. Mais il convenait, également, que les « souverains populaires » ainsi proclamés se convainquent de l'importance du changement provoqué par ce couronnement assorti d'un enfermement sans rémission au sein d'un espace national. D'où l'entreprise qui a consisté à sublimer leur loyauté obligatoire vis-à-vis de cet État, afin qu'elle devienne plus forte que leurs attaches ancestrales avec un village, une condition sociale, des coutumes ou des langues locales, et qu'elle l'emporte surtout sur la chaleur collective mêlée de crainte révérencielle que leur offrait une religion dont l'autorité terrestre concurrençait celle d'un pouvoir politique dont les visées venaient à être d'autant plus hégémoniques qu'il prétendait incarner le peuple.

La difficulté ne procédait pas en premier lieu du fait que, se réclamant en paroles de la volonté du peuple, les artisans des régimes représentatifs prédémocratiques entendaient à la vérité la circonvenir. Elle tenait à ce que le peuple, dont la nature pose toujours question aujourd'hui, n'existait pas à leur époque. Atomisé entre d'innombrables lieux ou milieux aux horizons étroits, ne connaissant que le face-à-face et s'ignorant lui-même en tant que communauté projetée à l'échelle d'un vaste pays échappant à l'expérience directe, méprisé en outre par les bourgeois qui le percevaient comme une populace indigne, il restait à construire de toutes pièces. De plus, il convenait que le rassemblement de ce peuple ne lui fasse pas prendre conscience de sa puissance, qu'il contribue au contraire à le discipliner socialement et politiquement en fonction des besoins d'un État qui, sur la promesse de cette ressource humaine infiniment plus malléable et mobilisable que par le passé, ne pouvait qu'étendre ses ambitions. C'est avec ce double objectif qu'on s'est ingénié à instiller à la masse des citoyens la fierté déférente des faibles imbus de la grandeur de leur inclusion dans un ensemble puissant. Au-delà, il a paru bon d'exalter cet orgueil sous la forme d'un patriotisme national d'autant plus efficace qu'il se révélerait chauvin, enclin à surestimer le bonheur d'être membre de telle ou telle nation et à ne voir dans les autres que des ennemies envieuses œuvrant à sa destruction. Il fallait donner un exutoire extérieur à la colère populaire toujours sous-jacente.

L'opération a requis la diffusion systématique d'une langue nationale que la majorité ignorait ou comprenait mal, le développement d'une instruction publique qui n'avait pas ce seul objectif mais qui, cependant, transmettait le catéchisme civique, et encore l'instauration du service militaire obligatoire qui coupait les jeunes hommes de leurs terroirs, en même temps les guerres qui le justifiaient tout en exportant leur violence vers d'autres cieux. Les conflits armés, spécialement, ont pris une intensité sans précédent avec les régimes modernes. Aux batailles codifiées et économes en soldats du milieu du XVIIIe siècle ont succédé, avec les combats à l'échelle industrielle de la Révolution, de l'Empire et de la Grande Guerre, les hécatombes que les levées en masse rendaient possibles alors qu'il y avait avantage à maintenir en vie les coûteux mercenaires de jadis. Et c'est sous l'impact de cette désinvolture meurtrière que se sont développées les haines entre des peuples qui, auparavant, contemplaient avec désagrément mais d'un œil patriotiquement négligent les luttes des armées professionnelles de l'Ancien Régime. S'il est difficile d'attribuer un mérite à cet arrière-plan belliqueux de la genèse de la citoyenneté nationale, il n'est pas question de méconnaître les bienfaits de l'école pour tous et de l'alphabétisation, ni davantage ceux de la libération des destins personnels provoquée par la diffusion des langues nationales et le recul des parlers traditionnels. Mais il demeure que ce bilan positif se mêle de façon inextricable à l'incarcération de la démocratie au sein de nations qui, restées fondamentalement des États, ont obéi à une logique de puissance qui n'était pas démocratique.

Une démocratie sans territoire ?

L'ère de ce civisme prisonnier des poteaux frontaliers touche heureusement à son terme. La guerre de 1939-1945 s'était déjà livrée sous le signe d'idéaux qui, se défendant d'être exclusivement nationaux, portaient la marque d'un patriotisme idéologique sans territoire, voué d'un côté au combat pour la démocratie face à la menace totalitaire, de l'autre à la cause de l'internationale raciste des nazis. Toutefois, c'est surtout le processus d'unification de l'Europe ainsi que son contrepied, inscrit dans les aspirations autonomistes ou séparatistes de populations lassées de la confusion entretenue entre la citoyenneté démocratique et une nationalité excluant le choix populaire, qui animent maintenant la recherche d'un autre sens civique qualifié de postnational avant même que sa nature indécise n'ait été précisée. Certains, dont les préoccupations vont bien au-delà de l'Europe, lui affectent au reste un contenu dès à présent. Selon Luc Ferry, ils le voient tendre vers un « égalitarisme biosphérique » qui se substituerait à l'« humanisme meurtrier » offert jusqu'alors en pâture à des peuples conviés à détester démocratiquement leurs voisins. Sans nul doute, en effet, les plus avancés des citoyens « postmodernes » s'attribuent des droits et des devoirs à l'envergure de la planète et dépassant le temps fugitif d'une existence individuelle. L'éthique civique prescrit, à leurs yeux, de préserver le monde dans l'équilibre sacré de son environnement naturel, au bénéfice non seulement de l'humanité entière mais encore des autres êtres animés ou inanimés aussi bien présents que futurs.

Ce sont sans conteste ces nouveaux droits de l'homme qui dépasseraient l'homme aussi bien que l'espace territorial et temporel mesquin de l'État de droit, ce nouveau destin planétaire qui révoquerait le simpliste progrès matériel destructeur du droit de tous à l'existence dont s'enthousiasment les militants associatifs qui, répudiant les querelles étriquées des partis nationaux, servent les causes infinies de ce qu'ils appellent l'humanisme. Mais ce dernier recèle précisément cette faille qu'il oublie la signification exacte du mot humanisme. Apparu avec la Renaissance du XVIe siècle, ce mot ne désigne pas le règne des intentions généreuses. Il qualifie seulement une démarche intellectuelle commandée par la seule raison personnelle, refoulant en conséquence hors du champ social les croyances invérifiables de type religieux. C'est là que le bât blesse. Ignorée par nos pseudo-humanistes, la raison politique dicte de s'interroger autrement sur ce que pourrait être une citoyenneté dégagée du patriotisme national associé longtemps à la démocratie politique, et libérée aussi de la dépendance entretenue chez ses « clients » par l'État-providence de la démocratie sociale.

Telle est l'ambition modeste de l'idée de « patriotisme constitutionnel ». Lancée par Dolf Sternberger en 1976, puis revue par le philosophe Jürgen Habermas à partir de 1986, elle entendait à l'origine débarrasser les Allemands du sentiment de culpabilité lié aux crimes commis à l'époque nazie par leur État-nation historique. A cette fin, elle visait à substituer à cette référence pénible un autre ciment d'appartenance; ciment légué non plus par un passé impropre à justifier la volonté de vivre ensemble, mais fondé sur des principes politiques analogues à l'orgueil que les Américains ressentent devant l'excellence de leur Constitution. Pour libérer les Allemands de leur honte collective, il s'agissait en somme de les détourner de leur histoire afin qu'ils se retrouvent dans une identité collective soudée par une nouvelle allégeance à leurs institutions démocratiques. Cependant, cette adhésion à un appareil juridique et à des dogmes désincarnés ayant peu de chance de susciter chez eux l'émotion d'une véritable appartenance communautaire, il fallait qu'elle acquière à leurs yeux le visage charnel et localisé d'un attachement patriotique à un « terroir institutionnel ».

Proche au départ de l'esprit républicain des Français, ce patriotisme constitutionnel en est venu à s'en distinguer par deux traits qui lui permettent, maintenant, de prendre une valeur de modèle dépassant la sphère allemande. Il va de soi, tout d'abord, qu'il ne peut s'appuyer sur la symbolique commémorative nationaliste et guerrière dont abuse le républicanisme français ou américain. Surtout, ce patriotisme civique se caractérise par l'importance que Jürgen Habermas attribue, en sus de la fierté d'appartenir à une patrie démocratique, à l'implication personnelle qui doit l'accompagner; en définitive à un instinct de propriétaire de l'État qui fait penser à celui des « confédérés » de la démocratie helvétique idéalisée.

Déjà réduits dans cette perspective à la portion congrue, les liens que le citoyen peut conserver avec une nation définie par le territoire qui enserre un peuple le sont davantage encore par ceux qui réfléchissent au destin politique de l'Europe. Quand ils l'imaginent comme l'aboutissement de la trajectoire multiséculaire d'un vieux fond spirituel et chrétien commun aussi bien que lorsqu'ils l'envisagent comme le produit culturel du constructivisme d'un État-nation continental à naître, quelques-uns demeurent fidèles, il est vrai, à la conception banale de l'homogénéisation d'une identité européenne toujours contenue dans un territoire néonational. Ou bien, ils ressuscitent sans le savoir le modèle de la Grèce antique, dont les habitants se trouvaient liés par fraternité généalogique tout en exprimant leur civisme au niveau de communautés politiques restreintes et fractionnées. Mais ces conformistes semblent cultiver l'hypothèse la moins plausible face à ceux qui, à leur insu ou sans les mentionner, reprennent les propositions échafaudées juste avant 1914 par les théoriciens austro-marxistes* acharnés à sauver le vieil empire des Habsbourg du déchirement de ses nationalités diverses.

Parmi ces théoriciens, Karl Renner et Otto Bauer en particulier se sont attachés à dissocier la dimension rationnelle de l'allégeance politique du citoyen de celle, affective, de son appartenance à une nationalité. Sous le couvert d'une « autonomie personnelle » constitutionnellement garantie, il s'agissait pour eux d'opérer un partage entre les affaires économiques et la politique générale, à traiter toujours sur une base territoriale étendue, et les questions d'ordre national, linguistique, éducatif, religieux, ethnique ou communautaire, dont la gestion se serait effectuée en dehors de tout principe de rattachement à un territoire ou une circonscription administrative. Les secteurs communs de l'économie, de la monnaie, de la défense et de la diplomatie seraient ainsi revenus à un pouvoir central à compétence technique qui préfigure l'État de service dont on parle à présent. Parallèlement, les autres secteurs auraient été l'apanage d'autorités souveraines dans leur domaine bien que dépourvues d'espace de souveraineté. Dès lors, les sujets des Habsbourg auraient joui de deux citoyennetés : d'une part celle des usagers d'un État fonctionnel et territorial privé de peuple propre, d'autre part celle de membre d'un peuple aterritorial restreint, choisi en toute liberté, auquel ils auraient adhéré en s'inscrivant à titre provisoire et révocable sur les registres affectés d'une personnalité morale de leur seconde citoyenneté affective. Le plus remarquable tient à ce que ces projets ont connu un début de réalisation avant la Première Guerre mondiale. Ils ont, également, influencé avec moins de bonheur la conception que le maréchal Tito se faisait de la Yougoslavie. En tout cas, lorsque, s'interrogeant sur l'avenir démocratique de l'Europe, le politologue Juan Linz préconise de l'entrevoir dans le cadre non plus des États-nations mais d'un État-nation, ou quand Georges Gottlieb évoque un État sans nation, le projet brisé des austro-marxistes transparaît toujours en filigrane.

Multiculturalisme et citoyenneté communautaire

Il apparaît plus encore sous-jacent en Amérique du Nord, dans la doctrine progressiste du pluralisme culturel inspirée de son propre aveu au philosophe américain Michael Walzer par la lecture de Bauer et Renner et reprise dans les années 80, sous le nom de multiculturalisme, par son collègue canadien Charles Taylor. Reformulant le civisme depuis la racine, le multiculturalisme s'est efforcé de combler le besoin de dignité manifesté par les Noirs américains, puis par les femmes, les homosexuels, les minorités ethniques ou religieuses et, maintenant, par les populations de souche extra-européenne immigrées en Europe. A cette fin, il prétend substituer à la fiction unificatrice dans laquelle l'unique expression tolérée de la souveraineté populaire est une volonté générale déduite statistiquement des élections une autre souveraineté : celle, fractionnée par principe, d'une « politique de la reconnaissance » reposant à l'opposé sur l'éloge des différences et le respect des volontés incompatibles qu'elles recouvrent au sein d'un État sans valeurs propres, veillant seulement au développement d'une cohabitation enrichissante entre de multiples minorités.

Cette conception rejette la distinction fondamentale opérée par la démocratie libérale lorsqu'elle séparait l'espace privé, celui des attachements intimes avec des semblables par le sang ou la culture, de l'autre espace – public – de l'élaboration d'un consensus social supposé profitable à tous. Les multiculturalistes estiment que l'espace public ne constitue qu'un subterfuge dominateur s'il n'est conçu que comme un lieu de confrontation où s'ajustent des rationalités distinctes au terme de conflits incessants mais solubles. Ils posent, à l'inverse, que les identités privées qu'on ne peut distinguer des identités publiques sans les réprimer ne sont pas « négociables » au regard d'intérêts communs, et que l'espace démocratique doit, par conséquent, favoriser la permanence des rationalités ou des irrationalités qu'elles recèlent puisque personne n'a le droit de forcer leur conciliation.

Visant à offrir le bonheur de rester soi-même à ceux qui n'étaient que des citoyens de second rang, ce sacre de l'hétérogénéité dissocie des cadres d'existence – État, marché, société, réseaux de solidarité étendue

– qui ne se superposent plus. Or c'est là que se situe la faille du raisonnement. Dans ces conditions, en effet, l'intercommunication culturelle entre les communautés risque de n'être guère plus qu'un artifice légitimateur, indifférent au fait que les politiques de soutien des particularismes servent surtout, dès à présent, à structurer des terrains d'affrontement à la durée imprévisible en lieu et place des transitoires arènes de conflit de la démocratie. De plus, cette dérive reçoit une impulsion supplémentaire avec la diffusion de l'idéologie « communitarienne » qui, à l'initiative du sociologue américain Amitaï Etzioni, retourne les arguments du multiculturalisme en faveur des majorités blanches des États-Unis. Du coup, l'amour « biosphérique » de l'humanité se rétrécit en une sphère bornée, presque familiale au sens fermé de l'adjectif. Tel est, probablement, le danger qu'Alain Touraine appréhende lorsqu'il déclare : « Je souhaite moi-même acquérir une nationalité européenne et conserver une citoyenneté française. »

conflits transitoires

Restaurer le débat

Une démocratie à transférer de l'État à la sphère publique ?

Il serait simple d'arrêter ici la réflexion, de décider qu'à la veille du troisième millénaire les problèmes de la démocratie se circonscrivent à son blocage à l'heure du temps immédiat des flashes télévisés qui évincent l'espoir, ou au dépérissement des liens nationaux qui invalide l'idée de volonté générale. Mais la réalité est que ses problèmes ne se limitent pas à ceux-là. Maintenant encore, le plus impressionnant des défis opposés à la démocratie concerne toujours le rôle attribué au peuple comme lieu symbolique mais par trop vide d'une souveraineté qui ne lui est attribuée que dans les mots. Ce vide reste en effet démontré de nos jours par les sociologues critiques qui, tel Pierre Bourdieu, voient tout champ politique déterminé par la puissance inégale des acteurs qui s'y trouvent en compétition et dont certains disposent d'un « capital économique », « culturel » et « social » ou relationnel très supérieur à la moyenne. De ce fait, les dominés restent, quoi qu'on veuille, ceux qui possèdent le moins de ressources pour faire entendre leur voix, même si, pour qu'ils exercent leur ascendant, les dominants doivent jouir aussi d'un « capital symbolique » capable de persuader les plus faibles de la légitimité des enjeux qu'ils déclarent communs. Or cette condition est précisément celle que la démocratie remplit mieux que tout autre régime.

Tel est, également, le constat terrible que Jürgen Habermas établit d'une autre manière mais auquel il prétend apporter une solution. Au départ, son raisonnement part d'une schématisation en trois secteurs de la structure d'un pays démocratique : celui du pouvoir public assumé par l'État, puis les deux sphères privées représentées d'une part par la société civile en tant que site des échanges économiques et sociaux, d'autre part par la sphère publique politique, distincte de l'État et formée par tous les agents extérieurs qui l'influencent ou prétendent le modifier. C'est sur cette base que Habermas énonce sa prescription principale, qui consiste à redonner vie à la sphère publique politique, de telle sorte qu'au lieu de demeurer asservie aux médias, à l'argent privé et aux pressions étatiques, elle se transforme en site central d'une « démocratie délibérative » régie par une intercommunication aussi spontanée et étendue que possible entre un grand nombre de citoyens promus ainsi à la première place dans le jeu politique. C'est de cette manière que, pour lui, le « consensus des arguments » remplacerait le « consensus des cœurs » cher à Rousseau mais trop manipulable, et que ce nouvel espace ainsi renversé ferait reposer la démocratie « sur la mobilisation collective et l'utilisation de la force productive que constitue la communication ». On ne peut qu'être séduit par le propos, et sceptique sur son instrumentation pratique.

La vraie question reste pourtant bien celle d'un débat politique à instaurer dans une perspective où le peuple cesserait de jouer les comparses. Norberto Bobbio la considère d'une autre manière lorsque, imaginant la démocratie du futur, il souhaite qu'elle se mesure moins à l'effectif des votants qu'au nombre d'instances de tous ordres, politiques ou non, où le vote s'exercerait. Et cette question est, aussi, celle que Bernard Manin examine de façon plus explicite.

Manin rappelle, d'abord, que la démocratie ne s'est jamais définie comme mode de gouvernement qu'au travers de ses instruments contingents que sont le mécanisme représentatif et la décision prise dans ce cadre à la majorité des voix. Puis, partant de ce préalable, il observe que le principe majoritaire, en particulier, repose sur la fiction qu'il permettrait de dégager une volonté générale imposable à tous alors que cette prétention est fallacieuse. Non seulement la minorité existe toujours, au point de représenter couramment jusqu'à 49 % des suffrages dans les démocraties modernes, mais rien ne dit qu'elle n'a pas la raison pour elle. De plus, cette minorité substantielle peut fort bien se transformer du jour au lendemain en une majorité qui, en désaccord avec ses positions de la veille, ne sera pourtant reconnue que plusieurs années plus tard, lors de nouvelles élections. Enfin, la production d'une majorité éphémère n'est guère que le fruit du hasard ou du travail des officines de fabrication de l'opinion, dont Tocqueville disait déjà qu'elles étaient plus occupées de ce qu'elles dissimulent que de ce qu'elles révèlent.

La conclusion s'impose. La combinaison du mécanisme représentatif et de la décision majoritaire ne produit qu'une volonté générale illusoire, en même temps qu'elle se révèle démagogique en ce qu'elle donne à croire aux électeurs qu'ils peuvent trancher des questions dont ils ignorent les tenants et les aboutissants. Dans ces conditions, la seule décision majoritaire cohérente et compatible avec la reconnaissance de la dignité des citoyens devrait résulter d'une longue délibération ouverte qui, cessant d'être monopolisée par le gouvernement, les députés, les partis ou les journalistes et les leaders d'opinion patentés, se développerait au contraire au sein de la société ordinaire en y associant tous ceux qui le voudraient. Ainsi le sentiment populaire se formerait-il hors du cadre peu propice à l'échange des idées du marketing télévisuel aussi bien que des manifestations de rue et des émeutes.

C'est en vertu de cette révolution que se constituerait un nouvel espace public qui, ne se limitant plus pour l'essentiel aux détenteurs du pouvoir politique, intellectuel ou économique, s'imposerait au centre du dispositif démocratique comme lieu concrétisé de la souveraineté populaire. Il n'y aurait dans ce cas plus qu'une chose à redire, qui toucherait cette fois encore à la mise en pratique du projet. Manin s'en préoccupe

L'avènement de la télé-démocratie ? *Silvio Berlusconi, empereur des médias et leader de Forza Italia.* Ph. © F. Apesteguy / Gamma.

dans une perspective proche de celle de Habermas. Dans le nouvel espace du débat politique, la concertation préparatoire aux décisions ne devrait plus se dérouler au sommet, entre les dirigeants des organisations dites représentatives et ceux de l'État. Elle se développerait à la base, dans des associations au besoin spontanées apparues à propos d'un enjeu précis. Mais cette vision suscite alors elle-même d'autres inquiétudes auxquelles l'auteur ne répond pas. En effet, le processus envisagé semble sous-tendu par le rêve d'une démocratie d'harmonie qui remplacerait celle, présente, du conflit reconnu, où les points de vue différents se rejoindraient grâce au miracle de la discussion. Démocratie dans laquelle toute forme de domination serait certes censée s'évanouir, mais qui risquerait en réalité de rendre le débat à peine plus facile que dans un système mollement totalitaire. Ne déboucherait-on pas, ainsi, sur des emportements maximalistes ressemblant à plus grande échelle à ceux des assemblées générales étudiantes de Mai 68, dominées par des artistes de la voltige oratoire dotés eux aussi d'un capital culturel et relationnel supérieur à la moyenne qui leur permettrait de se muer vite en professionnels courtisés par les pouvoirs ? Tout serait alors à refaire…

La nouvelle justice libérale

La difficulté qu'on éprouve à aborder la démocratie sur le fond, comme mode de gouvernement, éclaire le succès d'autres réflexions qui, éludant cette ambition, réexaminent avec plus de modestie son positionnement social ou moral en tant que régime pris dans ses grandes lignes pour argent comptant. C'est ce que font aux États-Unis les théoriciens du *Public Choice* avec James Buchanan en particulier, récompensé en 1986 du prix Nobel pour des travaux qui ont érigé la propriété en absolu et dénoncé une redistribution forcée des revenus dans laquelle l'État outrepasse les limites de la générosité naturelle des contribuables. Ou, encore, c'est ce à quoi s'emploient les « libertariens » admirés par Margaret Thatcher et le président Reagan, quand ils professent avec l'économiste Milton Friedman ou le politiste Robert Nozick une conception extrême de la liberté, assez apparentée à celle d'anarchistes de droite.

Le courant qui suscite le plus d'intérêt est, cependant, celui du libéralisme progressiste marqué par l'ouvrage *Une théorie de la justice*, publié par John Rawls en 1971. Rawls pose avant tout que les personnes ne sont pas de simples moyens en vue d'une fin plus élevée qu'eux, en bref des ressources humaines qui permettraient à la société de fonctionner. Ce sont pour lui des individus réels dont personne ne perce les sentiments et les besoins sans qu'on puisse pourtant les méconnaître, formant un peuple qui n'est pas une métaphore mais l'enveloppe de la diversité de ses membres. Dès lors, le respect de la dignité de chacun interdit de la bafouer pour quelque motif que ce soit, y compris au regard d'un quelconque bien commun.

C'est de cette posture individualiste qui n'est extrême qu'en apparence que le philosophe américain déduit les deux éléments de base de sa conception non juridique de la justice. D'une part, le principe d'une liberté personnelle interprétée comme liberté de choix de chacun détient, aux yeux de Rawls, la priorité par rapport à tous les autres principes ; il s'impose en particulier à l'État, dont l'obligation première est de le garantir, ainsi qu'à la démocratie qui n'a de légitimité que comme cadre de protection des libertés formelles. Mais, d'autre part, ce respect de la dignité de toute personne ne fait pas pour lui que requérir le privilège suprême octroyé à la liberté. Il entraîne le paradoxe que cette liberté doit, pour demeurer équitable, se voir assigner des limites qui n'obéissent pas seulement à la raison banale que l'action libre des uns ne doit pas troubler celle des autres. Rawls n'est ni angélique ni utopiste. Il convient qu'on ne peut rien contre l'inégalité héréditaire des talents qui n'est ni juste ni injuste, et il inscrit même sa théorie dans une société de marché où chacun cherche à maximiser ses gains comme le font les joueurs dans un casino. Reste que cette posture, précisément, le conduit à considérer, par référence à la théorie des jeux, que les acteurs d'une société ont avantage à se plier pour une raison morale à des règles qui leur imposent en quelque sorte de se contenter de pousser à son maximum un gain minimal déterminé par l'État. Cela, qui est un peu difficile à comprendre et vaut pour les gros joueurs comme pour les petits, signifie en clair que la justice se comprend pour lui comme un refus de la résignation injuste qui consiste à prendre l'inégalité comme un fait irrémédiable. Pour Rawls, celle-ci se réalise quand l'exercice de la liberté la plus grande possible pour chacun demeure assez identique pour tous en pratique, c'est-à-dire quand des correctifs extérieurs permettent aux choix des démunis de ne pas se révéler dérisoires par rapport à ceux des mieux placés.

Ce dessein entraîne l'acceptation d'une sorte d'inégalité légale au bénéfice des plus faibles. D'un côté, la société selon Rawls révère la liberté des individus. De l'autre, elle compense le handicap de ceux pour qui l'égalité ne serait qu'un leurre si la collectivité ne leur réservait pas un traitement plus favorable qu'aux mieux armés. En fait, cette société s'intègre dans un modèle successeur de l'État-providence. Ce dernier a étendu sa protection à l'ensemble de la population, offrant à tous une sécurité que certains auraient pu se procurer eux-mêmes tandis que d'autres ne pouvaient s'en contenter pour accéder à une existence qui n'aurait plus été paralysée par le dénuement. L'État-providence négligeait en somme de se préoccuper des besoins réels de ses assujettis. En revanche, l'État de la théorie de la justice ne fait pas qu'écarter le mythe de l'égalité par le mérite personnel – la méritocratie – maintenu sous perfusion en Europe. Aux États-Unis, il a déjà inspiré la politique de « discrimination positive » *(Affirmative Action)* au bénéfice des étudiants de couleur admis dans des universités où ils ne seraient pas entrés autrement, des chefs d'entreprise qui ont obtenu des marchés dans des conditions identiques, plus largement de tous les démunis assurés d'un traitement de faveur destiné à donner une portée réelle à la trop gratuite égalité formelle. Le revers de la médaille est que ces mesures ont désigné leurs bénéficiaires aux yeux de tous ; elles les ont stigmatisés, marqués du sceau de la prothèse sociale qui a permis leur ascension sans, pour autant, dissimuler la nature d'un système qui, à nouveau, distingue deux catégories de citoyens par une espèce d'inversion du suffrage censitaire.

Le populisme nécessaire

Il n'est pas sûr que les intéressés eux-mêmes apprécient toujours ces dons un peu humiliants qui, associant leur liberté à des subventions, accélèrent peut-être dans les minorités américaines la recherche d'une fierté collective tirée de l'exaltation de leurs particularités irréductibles à celles de la communauté nationale qui les assiste. Ainsi les Afro-Américains exhument-ils ce qu'ils retrouvent de leur histoire, en y ajoutant pour faire impression ce qui lui manque ; par exemple la paternité imaginaire de la culture antique et des prémices de la philosophie grecque. Sans nul doute obéissent-ils ce faisant à un réflexe populiste qui ne doit rien à des discours prodigués depuis l'extérieur, et qui traduit plutôt leur quête d'une dignité à reconquérir sans l'aide de mécènes qui leur sont étrangers. Mais le fait plus nouveau est que, par réaction, par imitation ou sans que ces raisons interviennent, et dans cette circonstance aussi bien en Europe qu'aux États-Unis, les « majoritaires », ceux qui se voient comme le vieux peuple quand bien même il est généralement récent pour une bonne part, en viennent également à sentir à leur tour l'appel d'un populisme dont seuls les aveugles ou les conformistes croient qu'il leur est insufflé uniquement par les démagogues de quelque Front national. En réalité, si la démagogie sert bien de révélateur au phénomène, la frustration populiste qui ménage son terrain lui préexiste, probablement depuis longtemps.

C'est que, pour la plupart, les membres de ce peuple ignorent ou demeurent indifférents aux débats intellectuels abstraits sur la démocratie. Ils ont même l'impression, exacte d'ailleurs, que ces débats sont condescendants, doucereusement dominateurs quand ils obéissent au devoir éthique ou idéologique que les penseurs s'imposent de ne pas rejeter la simplicité populaire aux oubliettes mais de l'éclairer. C'est bien pourquoi la masse souhaiterait échapper à la tutelle d'une fausse opinion publique énoncée dans les lettres de lecteurs que publient les journaux de prestige, ou bien dictée par des journalistes qui réagissent aux critiques portées contre leur corporation comme le faisaient, autrefois, les officiers outragés par ce qu'ils appelaient les « atteintes à l'honneur de l'armée ». La masse, ou une de ses fractions, caresse l'espoir secret qu'elle pourrait un jour affirmer sa stature citoyenne sans ces concours pesants si toute expression politique réellement plébéienne ne se voyait taxer aussitôt de populisme condamnable. Assurément, cette accusation automatique paralyse en temps ordinaire le gros des citoyens, qui reproduit la pensée correcte et se voit récompensé d'une bonne note tandis que les réfractaires se réfugient dans une attente qualifiée d'apathie méprisable. Mais comment ne pas remarquer que, à chaque occasion où ce populisme de la base trouve à s'exprimer, il ne la manque pas. Ainsi quand une République tombe, lorsqu'un leader réceptif à un silence trompeur se présente dans une période troublée, ou quand encore, de façon moins inquiétante, une figure d'allure providentielle comme le général de Gaulle ou François Mitterrand apparaît pour transformer le contrat démocratique en un lien personnel.

Il devient alors patent qu'un vice affecte la démocratie dont les gardiens oublient qu'elle n'est pas qu'un édifice constitutionnel, qu'elle doit revêtir aussi la dimension précisément populiste qui la distinguerait d'une sorte de despotisme compatible avec le verdict des urnes. Or ces gardiens du temple se réclament d'un peuple auquel ils prêtent pourtant les pires réflexes. Selon eux, il rétablirait la peine de mort si on le laissait agir ; il expulserait les immigrés et mettrait l'équilibre économique sens dessus dessous en augmentant les salaires que seuls les parlementaires ont la faculté d'arrondir à leur profit. En plus, ce peuple reste dans leur esprit incorrigible, voire de moins en moins fiable face à la complexité croissante du gouvernement. La preuve de cela est évidente en France. Bien qu'entamé depuis deux siècles, le projet éducateur des moralistes républicains n'a jamais débouché de leur part sur une reconnaissance pleine et entière de l'autonomie des citoyens-gouvernés, comme si les moniteurs qu'ils ont toujours prétendu être ne se décidaient pas à breveter l'apprenti-citoyen tant il leur a constamment paru vacillant. Libre à lui de penser ce qu'il veut, à la condition toutefois de ne troubler en rien une « République » sur laquelle il n'a aucun droit.

Sans doute la plus décisive des réformes démocratiques ne surviendra-t-elle qu'à partir du moment où ces maîtres en démocratie cesseront de penser que leurs protégés sont plus déraisonnables qu'eux, lorsqu'ils admettront la concurrence d'une dose suffisante de démocratie directe après s'être convaincus que, même dans les sociétés postindustrielles, les hommes demeurent sensibles à des valeurs « anthropologiques » que la morale des lois abstraites ne satisfait pas.

Le labyrinthe des jeunes démocraties

Une confusion sur l'objet du désir

La réflexion sur la démocratie ne concerne pas que nos sociétés, même si elles tendent à s'estimer démocratiques au regard du privilège particulier qu'elles devraient à leur culture et à leur accès à une richesse relative. Elle doit s'appliquer, aussi, aux peuples chez qui une misère persistante aurait étouffé dans l'esprit de certains l'aspiration à la liberté, mais dont il faut plutôt se demander, comme ils se le demandent eux-mêmes, si la démocratie, avec ses avantages et ses limitations, constitue dans leur cas une perspective raisonnable et proche.

La chute du mur de Berlin a fait croire que s'ouvrait l'ère de la démocratisation universelle. En 1974 et 1975 déjà, la disparition des dictatures en Grèce, au Portugal et en Espagne avait semblé signifier que la famille des démocraties occidentales atteignait avec ces pays ses limites normales. Puis, au milieu des années 80, le repli moins attendu des militaires latino-américains sur leurs casernes avait provoqué la perplexité. Une époque nouvelle ne se dessinait-elle pas ? Celle des démocraties pauvres, vouées si Dieu leur prêtait vie à remplacer des gouvernements autoritaires condamnables même aux environs de l'équateur. Toutefois, ce changement ne s'observant toujours que dans des milieux proches des valeurs de l'Europe, il ne suffisait pas encore à remettre en cause le préjugé selon lequel la démocratie restait un luxe qui n'était pas à la portée de tous et que tous n'appréciaient d'ailleurs pas forcément. L'idée persistait qu'elle était un peu comme la cerise institutionnelle qui serait venue coiffer le gâteau du développement.

Il a fallu attendre le cataclysme survenu à l'Est pour que cette vision condescendante cesse d'avoir cours, d'autant que la grande révolte civique a semblé l'invalider davantage encore en s'étendant aussitôt à l'Afrique subsaharienne. Du coup, face à ce bouleversement, les usagers des vieilles démocraties ont acquis l'impression qu'ils se trouvaient peut-être à la veille de perdre leur distinction politique tandis que, de leur côté, les aspirants à la liberté ont commencé à se dégager de l'inhibition alimentée jusqu'à ce moment par le peu d'estime dans lequel leur aptitude à l'exercice de la citoyenneté avait été tenue. Faute de s'y intéresser beaucoup en ce qui les concernait, les Européens de l'Ouest ont, en somme, vécu alors la démocratie par procuration, au spectacle de l'enthousiasme de leurs voisins orientaux ou méridionaux pour un objet dont ils attestaient la valeur oubliée ici. Francis Fukuyama a parlé dans ces conditions de fin de l'histoire dans un monde en passe d'accéder à un présent éternel mariant la démocratisation à l'échelle universelle à sa sœur jumelle, l'économie de marché mondiale. Il y avait là autant de motifs de se réjouir que de raisons de désespérer, puisque, s'il s'était vérifié, ce diagnostic aurait invalidé par avance tout débat sur le contenu et la vocation d'une démocratie qui se serait imposée plus encore que maintenant comme un produit indiscutable. Mais, malheureusement ou heureusement, les faits ont vite opposé leur démenti à Fukuyama. Au lieu d'assister à l'avènement de la démocratie planétaire, on ne l'a vue s'élargir que de quelques centaines de kilomètres dans la République tchèque, en Pologne ou en Hongrie, vaciller de manière confuse dans les Balkans et en Europe orientale, et succomber en d'autres endroits devant des chocs nationalistes, ethniques ou religieux qui ont non seulement ruiné la cause de la liberté, mais détruit souvent le cadre des États capables de l'abriter.

Trois raisons expliquent ce désastre qui rend son incertitude au temps à venir. La première procède de la désillusion accélérée de peuples qui ont pris la démocratie pour ce qu'elle n'était pas : un changement miraculeux, capable de les faire entrer d'un seul coup dans une modernité saisie dans ses aspects les plus matériels, ceux d'un mode de consommation occidental isolé de son contexte social, culturel, voire strictement politique. Confondant l'heure de leur libération civique avec celle de la rédemption de leur misère, ces peuples ne pouvaient imaginer et, pour la plupart, n'auraient d'ailleurs jamais voulu admettre que la démocratie qu'on leur promettait n'était rien d'autre qu'un système de gouvernement soumis à diverses règles limitatives, certes plus respectueux que d'autres de l'autonomie individuelle, mais nullement assimilable à un « remède souverain » contre le dénuement de leur existence. Leur désillution rapide est née à peine plus tard de cette découverte de la nature trop banalement technique de la démocratie. C'est elle, en particulier, qui les a conduits à se tourner à nouveau vers des leaders prolixes en promesses intenables, habiles aussi à captiver les masses par la désignation d'ennemis intérieurs ou extérieurs largement imaginaires.

Inversement, la deuxième raison du désenchantement qui a affecté les sociétés en transition tient de façon assez contradictoire à leur compréhension maximaliste de la logique de la démocratie, spécialement dans les pays du Sud mais souvent aussi à l'Est. Sur le plan de ses principes comme de ses mécanismes, celle-ci repose, comme on sait, sur le postulat qu'il existe un intérêt général qui correspondrait à une volonté majoritaire exprimée par les élections. La complexité sociale, économique et culturelle des vieilles démocraties fait que cette volonté n'écrase pas trop les minorités. En revanche, dans les sociétés configurées autour d'une identité religieuse, ethnique, linguistique ou nationale dominante, l'assimilation « démocratique » du principe majoritaire ne peut que légitimer plus encore l'écrasement de ceux qui ne partagent pas cette identité, soit spontanément, soit sous l'incitation de gouvernants qui cultivent l'exaltation

La désillusion.
Manifestation pour la destitution du président Collor au Brésil, quelques mois après son élection triomphale.
Ph. © A. Sassaki/Gamma.

communautaire afin de camoufler leur inaptitude à modifier les conditions de vie d'une population. Il est inutile de rappeler que c'est ce dévoiement du pouvoir de la majorité qui a conduit au génocide des Tutsis au Rwanda, présidé au démembrement de l'ex-Yougoslavie et qui est à l'œuvre dans la défunte Union soviétique.

Enfin, la troisième raison de la désillusion relève d'une autre interprétation inadaptée de la démocratie : celle qui a enfermé l'exercice de la citoyenneté dans le cadre territorial de l'État-nation. Cette idée, qu'il ne peut y avoir de démocratie que nationale et territoriale à la fois, a entraîné la disparition des États multinationaux qu'étaient l'URSS, la Yougoslavie et la Tchécoslovaquie. Avec cela, ce modèle légué également aux pays décolonisés y a produit des effets plus redoutables encore. Calqués sur les anciennes frontières coloniales au découpage arbitraire, ces pays ont repris à leur compte la règle de l'État-nation, sans voir qu'elle ne signifiait rien pour des populations façonnées par d'autres appartenances quelquefois très localisées et d'autres fois transfrontalières, en toute hypothèse dépourvues de conscience nationale en dehors de quelques élites. Il en résulte, à présent, que l'espérance démocratique recouvre fréquemment, chez elles, la référence à un autre espace primordial que celui d'un État dont l'existence même leur apparaît étrangère à la volonté populaire.

Le paradoxe des amis et des ennemis de la démocratie

Une autre observation ambiguë vient à l'esprit. D'un côté, l'exemple de l'Inde, singularisée par sa pauvreté comme par sa distance par rapport aux valeurs occidentales, atteste que la démocratie n'est pas inconcevable là même où on l'aurait attendue le moins. Mais simultanément, sa consolidation hors de son terrain d'origine européen ou nord-américain montre qu'elle n'implique pas qu'une simple adaptation qui, en Inde à nouveau, explique par exemple que les partis politiques se définissent moins par leur idéologie ou leurs programmes que par leur relation privilégiée avec telle ou telle caste. Plus largement, il faut admettre que l'affermissement des jeunes démocraties peut emprunter des détours singuliers et, pour tout dire, assez indicibles bien qu'on dévoile ici l'un d'entre eux, inscrit dans ce que l'on appellera le paradoxe des amis et des ennemis.

Dans l'absolu et à l'échelle du monde, il ne faut pas croire à une fatalité antidémocratique qui serait engendrée de manière imparable par des prédéterminations économiques ou culturelles. A cet égard, il n'existe que des facteurs plus ou moins propices ou défavorables à la démocratisation, dont la gestion revient à des acteurs politiques qui, en vertu des circonstances et de leur talent, peuvent aussi bien les surmonter que succomber devant les défis qu'ils leur opposent. Mais, partant de là, la conviction que ce sont les « démocrates » qui bâtissent les jeunes démocraties et les « autoritaires » qui s'efforcent de les faire avorter pèche par excès de simplification. Et, de même, il est non moins erroné de considérer que la démocratisation est le théâtre d'un combat des plus clairs entre des secteurs ou des camps nettement délimités, les uns acquis et les autres hostiles à celle-ci; ainsi l'armée ou les hommes de l'appareil de l'ancien régime s'agissant de ses adversaires, ou les combattants de la liberté en ce qui concerne l'autre bord.

En réalité, le positionnement qui se dessine déjà dans les derniers temps de l'autoritarisme s'inscrit plutôt dans un brouillage croisé des divers réseaux en place jusqu'alors, en fonction des ruptures et des réagencements des relations de solidarité, de concurrence ou d'affrontement que leurs membres entretenaient auparavant. A l'approche du moment de l'effondrement ou du raidissement final de la dictature, une coupure inédite vient rompre la cohésion des instances multiples de l'édifice autoritaire, qui se divise alors entre les « jusqu'au-boutistes » intransigeants et ceux qui, par prudence ou par une conversion soudaine à la cause des droits de l'homme, tendent vers un arrangement réformiste. Les premiers entendent tout sauver de ce qui existe, en assumant au besoin le risque de l'échec au regard de l'énorme gain escompté, tandis que, « sensibles au risque » selon l'expression du politologue Adam Przeworski, les seconds – les réformateurs – se rallient par raison à la perspective d'une transition plus ou moins négociée avec l'espoir qu'elle leur laissera quelque chance de survie politique. En outre, avant comme après sa venue au pouvoir, un phénomène symétrique s'observe dans l'opposition, où les partisans d'une entente tacite ou publique avec les réformateurs du côté adverse se distinguent de plus en plus des ennemis de tout compromis avec eux.

Bien qu'abstraites, ces considérations éclairent la substance dissimulée des démocratisations récentes ou en cours. Modèle du genre, la « transition démocratique espagnole » des années 75-80 a ainsi été conduite de main de maître par des « stratèges » liés auparavant à la dictature du général Franco, spécialement dans les personnes du roi Juan Carlos lui-même ainsi que de son Premier ministre Adolfo Suárez, ex-ministre franquiste. Tous deux savaient que les amis déclarés des jeunes démocraties encore mal assurées n'étaient pas légion, qu'ils ne formaient guère qu'un conglomérat de quelques milliers de cadres et de militants, d'intellectuels, d'artistes, de technocrates non conformistes, de militaires marginaux, d'agitateurs universitaires, de féministes ou d'exilés fraîchement rapatriés. Ils n'ignoraient pas davantage que la démocratie naissante avait plus d'ennemis que d'amis actifs, en particulier dans les sphères décisives de l'administration, de l'armée, de la police et du monde économique. Enfin, ils étaient pleinement avertis de ce que la population, dans sa majorité, n'était vraiment ni amie, ni ennemie des pilotes de la démocratisation qu'ils étaient. Certes, elle rejetait verbalement le régime déchu. Mais, dans la pratique, elle vaquait avant tout à ses propres affaires dans un contexte inquiétant. Elle assistait au remue-ménage avec sympathie, mais sans trop y prêter foi et dans la crainte du pire. C'est dans de tels environnements que la question se pose de savoir si des héritiers de la non-démocratie ne peuvent pas, comme en Espagne, rassurer presque tout le monde et réussir la démocratisation là où des opposants authentiques auraient probablement échoué par excès de zèle.

De façon assurément plus douteuse, une interrogation assez analogue se pose en ce qui concerne divers pays de l'Europe centrale et orientale, où des néocommunistes* issus de l'ancien régime sont intervenus à nouveau après avoir gagné les élections comme en Bulgarie, en Hongrie, en Lituanie et en Pologne, ou comme ils le feront peut-être en Russie. Ces revenants représentent-ils un danger de retour en arrière ? La réponse à donner sur ce point doit considérer les situations au cas par cas. En Hongrie, les néocommunistes gouvernent en coalition avec le Parti des démocrates libres, et cette alliance même est le signe de la consolidation démocratique de ce pays, c'est-à-dire de la confiance réciproque que tous les protagonistes s'accordent de vouloir respecter désormais la logique électorale. Les choses sont moins avancées en Pologne, d'autant que les divisions des formations de droite octroient une sorte de prime aux ex-communistes, qui se réclament maintenant de la social-démocratie. Mais là encore, en dépit de certains errements policiers notamment, on voit mal comment le pacte démocratique tacite pourrait être rompu. En revanche, la situation de la Bulgarie suscite évidemment plus de perplexité, et plus encore ce que serait celle de la Russie après une victoire communiste à de prochaines élections. Reste, pourtant, que lorsque des responsables démocratiques au profil moins douteux ont appliqué des réformes économiques qui ont blessé la population sans parvenir encore à légitimer complètement la démocratie, il est peu vraisemblable qu'ils puissent tout recommencer en recouvrant leur virginité politique. Dans une telle circonstance, fréquente, il faut admettre que des éléments point trop compromis de l'ordre précédent peuvent se révéler capables de relancer le changement en rassurant des peuples déchirés entre la nostalgie de leur sécurité perdue et la crainte de retomber dans leur servitude passée. Toutefois, ils ne peuvent remplir ce rôle que s'ils appartiennent vraiment à la catégorie des politiciens « sensibles au risque » dont on a parlé plus haut, et non à celle des extrémistes qui jouent le tout ou rien pour reconquérir le pouvoir.

Entre le retour du despotisme oriental et l'espérance démocratique

Le caractère problématique de la reconversion des nouveaux dirigeants issus du communisme ne constitue pas la seule inquiétude qu'on puisse éprouver quant aux chances d'extension de la démocratie. La plus importante devrait toucher plutôt au renversement qui s'est produit depuis peu dans l'ordre de priorité des experts qui conjecturent sur l'avenir proche de la planète.

Au lendemain de l'implosion de l'Empire soviétique, ces experts ont affecté de croire pendant deux ou trois ans que la réforme démocratique représentait l'objectif majeur, tandis que l'autre réforme, visant à l'établissement d'économies de marché là où ne régnaient que des économies d'État, ne constituait que le corollaire de la précédente même si toutes deux se trouvaient liées. Leur point de vue se situait au niveau des principes. Il était que la liberté individuelle à laquelle ils accòrdaient la première place ne pouvait néammoins se circonscrire au seul domaine politique, qu'il était nécessaire qu'elle s'étende aussi à la liberté d'entreprise et d'utilisation de la propriété de chacun. Mais cette concession verbale qui s'assortissait peut-être d'une restriction mentale ne s'est pas maintenue longtemps, car les experts des grandes institutions internationales, notamment, ont renversé explicitement le rang des préséances pour en revenir à ce qu'ils avaient pour la plupart toujours pensé. Pour eux à nouveau, c'est le développement d'une économie de marché solide et dynamique qui détermine le sort des sociétés, de façon générale comme en matière politique. Et, pour eux encore, cet objectif primordial l'emporte sur les principes qui donneraient la priorité à un projet démocratique à accomplir dès l'immédiat. Au prix de circonlocutions, ils suggèrent maintenant que de jeunes démocraties installées avant que leur préalable économique n'ait été dûment rempli risquent d'éprouver de grandes difficultés à le réaliser par la suite. Mieux vaut donc, à leur sens, miser plutôt sur des gouvernements moins exposés aux sautes d'humeur populaires et aux exigences prématurées des masses ; en d'autres termes, sur des pouvoirs forts, capables d'imposer une stratégie de développement suivie et efficace sur la longue durée.

Ce tournant doctrinal trouve son inspiration dans le succès matériel et social incontestable des nouveaux pays industriels de l'Asie orientale, les « petits dragons » de Corée du Sud, de Taiwan, de Hong Kong ou même de Malaisie et d'Indonésie. Dans un entretien publié le 29 juin 1991 dans l'hebdomadaire britannique *The Economist*, l'ancien président Lee Kuan Yew de Singapour avait donné le ton en affirmant que « la démocratie ne conduit pas à une croissance rapide dans les sociétés demeurées agricoles » et que, « sans les militaires [...] la Corée et Taiwan n'auraient pu se développer aussi vite ». Cependant, il a fallu attendre 1993 pour que, dans un rapport officiel intitulé

The East Asian Miracle (Le Miracle de l'Asie orientale) et publié par la prestigieuse Oxford University Press, la Banque mondiale reprenne ce point de vue dans un langage plus diplomatique, pour observer que des États puissants et dirigistes avaient été à l'origine de la prospérité actuelle de tous ces pays asiatiques à l'exception de la Thaïlande. Telle est aussi, d'ailleurs, la recette que la Chine a adoptée sans attendre cette sorte de caution, et telle est encore celle à laquelle certaines personnalités songent pour la Russie lorsqu'elles évoquent le modèle représenté par la dictature du général Pinochet au Chili.

On en serait là s'il ne convenait de ne prendre les observations des spécialistes et les propos de ceux qui les attrapent au vol que pour ce qu'ils sont : des avis partiels dictés par l'esprit du jour, ou des justifications trop commodes. Certes, l'accélération du temps fait, aujourd'hui, que les jeunes démocraties doivent réussir en quelques années ce que leurs aînées ont accompli en plus d'un siècle. Mais, heureusement, il apparaît d'abord que des analyses rétrospectives référées à une simple fraction du globe ne peuvent pas suggérer de recommandation valable en tout lieu pour le présent. Surtout, le moment est venu enfin où nous-mêmes, les sujets des vieilles démocraties, avons perdu notre sentiment de supériorité satisfaite. Nous avons pris conscience que le cours de l'invention démocratique s'était ouvert à nouveau, sur le fond, et cette fois dans une interaction dans laquelle la réflexion critique sur un mode de gouvernement dont nous découvrons qu'il ne constitue plus ici qu'une habitude ne peut plus ignorer la recherche menée à son propos par d'autres peuples. Le temps de l'autocontemplation a cédé la place à celui d'une incrédulité qui peut devenir créatrice, à la condition bien sûr de comprendre que la poursuite de la démocratie n'aura jamais de fin.

A N N E X E S

Glossaire

Austro-marxisme : courant non orthodoxe de la pensée marxiste qui, de 1900 à 1930, s'est développé à Vienne dans les milieux de la social-démocratie autrichienne. Ses principaux représentants ont été Otto Bauer et Karl Renner.

Banque mondiale : institution financière internationale créée en 1945, dénommée officiellement Banque internationale pour la reconstruction et le développement (BIRD). Ayant son siège à Washington, elle est le plus puissant organisme bancaire à l'échelle de la planète. Son rôle consiste à fournir des prêts d'investissements aux pays en développement.

Clientélisme : relation de patronage entre un notable ou un parti et une population d'électeurs pauvres qui votent systématiquement en leur faveur en échange d'avantages matériels ou d'une protection. Le clientélisme est plus largement un système social. Il a été fréquent dans l'Europe méditerranéenne, en Amérique latine, dans le Moyen-Orient et dans certains pays d'Asie. Il a tout particulièrement caractérisé des sociétés paysannes dominées par de grands propriétaires, mais s'est manifesté aussi aux États-Unis, par exemple, s'agissant du contrôle exercé par le Parti démocrate sur les nouveaux immigrés.

Démocratie réelle : conception révolutionnaire et particulièrement communiste, qui soutient que la démocratie pluraliste, fondée sur les élections et le jeu des partis, camoufle sous le paravent d'une égalité purement juridique des citoyens les inégalités sociales et culturelles qu'elle contribue en réalité à pérenniser. La démocratie réelle serait celle qui assurerait à tous les hommes une égale liberté de fait dans la conduite harmonieuse de leur vie.
Démocratisation : soit l'approfondissement de la qualité démocratique d'une communauté politique, soit l'accès à un régime démocratique d'un pays soumis auparavant à un régime autoritaire ou totalitaire.
Dêmos : « peuple des citoyens » en grec.
Dictature : pouvoir absolu accordé de façon régulière, dans des circonstances exceptionnelles et pour une durée limitée, à une personne unique dans la tradition antique. Désigne à présent un gouvernement autoritaire, de façon générale.

État-nation : État régnant sur un espace territorial occupé par une population qu'il a persuadée de se considérer comme une communauté politique partageant les mêmes valeurs, la même culture, la même histoire et le même destin, parfois aussi les mêmes traits physiques.
Eunomia : bon régime de gouvernement dans la Grèce antique.
Exécutif : l'autorité chargée, au sein de l'État, du gouvernement proprement dit, à distinguer, selon la division opérée par Montesquieu au XVIIIe siècle, du pouvoir législatif des assemblées lesquelles font les lois, et du pouvoir judiciaire qui administre la justice.

Fonds monétaire international : organisme spécialisé de l'ONU créé en 1945, dont le siège est à Washington. Appelé couramment FMI, il a pour fonction principale de promouvoir la stabilité et la liberté des changes en octroyant des prêts aux pays en difficulté. Le FMI gère maintenant les plans d'ajustement structurel destinés à adapter les pays pauvres à la nouvelle économie mondialisée.

Gouvernabilité : aptitude d'une communauté à être gouvernée.

Légitimité : qualité d'un pouvoir dont l'acceptation se fonde sur le consentement volontaire de la population qui s'y soumet et non sur une imposition par la force.
Libéralisme : doctrine philosophique, politique et économique posant comme valeur centrale de toute communauté la liberté des individus qui la composent, et subordonnant l'État au consentement explicite des citoyens.
Liberté des Anciens/Liberté des Modernes : formule de Benjamin Constant, définissant la Liberté des Anciens (de la Grèce antique) comme celle d'une communauté entière non assujettie à un tyran, et la Liberté des Modernes comme celle des individus au sein de cette communauté.
Libre-échange : doctrine économique anglaise à l'origine, préconisant l'abolition des barrières douanières et, plus généralement, de tous les obstacles institutionnels à la libre circulation des marchandises, des services et des moyens financiers entre les pays. Le libre-échange a largement caractérisé l'économie mondiale de 1850 à 1914. Il correspond, à présent, aux orientations dites néolibérales ou à celles de l'Organisation mondiale du commerce.

Méritocratie : système de sélection aux emplois fondé sur le contrôle anonyme des compétences, censé assurer à tout candidat une chance d'accès égale à mérite égal.
Métèques : étrangers non esclaves dans la Grèce antique, non citoyens.
Mondialisation : état d'un monde contemporain dominé par un renforcement des interdépendances économiques, culturelles et politiques, par une uniformisation des pratiques sociales à l'échelle planétaire et par une érosion de la souveraineté des États.

Néocommunistes : terme qui désigne ici les formations politiques issues des anciens partis communistes en Europe de l'Est.
Néocorporatisme : évolution des régimes démocratiques, suscitée par des arrangements directs contournant les organes repré-

sentatifs entre l'État et des organisations économiques ou professionnelles.

Omnicratie : pouvoir direct de tous, abolissant la distinction entre gouvernés et gouvernants.

Politeia : communauté politique dans la Grèce antique.

« Référentiels » des politiques publiques : cadres méthodologiques, éthiques et techniques présidant à l'élaboration et à l'application des politiques de l'État.

Régime parlementaire : système démocratique dans lequel la direction du gouvernement revient, normalement, aux forces politiques qui détiennent la majorité à l'assemblée et où ce gouvernement est responsable devant celle-ci. Le régime parlementaire se distingue du régime présidentiel, dans lequel le chef de l'État dirige le pouvoir exécutif en vertu d'un mandat personnel, indépendamment des assemblées. La Belgique par exemple connaît un régime parlementaire, tandis que les États-Unis ont un système présidentiel. En France, la Cinquième République a instauré un régime mixte, semi-présidentiel.

Socialisme réel : type d'organisation sociale des anciens États communistes.

Souverain : désigne usuellement un monarque. Mais dans son sens fondamental, ce mot s'applique au titulaire de la souveraineté, c'est-à-dire au détenteur légitime de l'autorité politique. Dans la démocratie, le souverain est par conséquent le peuple et non le président, par exemple. Les Suisses continuent d'utiliser cette tournure en utilisant le S majuscule.

Souveraineté : pouvoir supérieur à tout autre d'une autorité politique.

Suffrage universel : situation dans laquelle tous ceux qui possèdent la nationalité d'un pays donné y jouissent du droit de vote. Il est vrai que ce droit n'a d'abord été accordé qu'aux hommes (en 1848 en France et en Suisse), et que le suffrage n'est devenu vraiment universel que lorsque les femmes l'ont obtenu (en 1946 en France). L'exclusion des enfants ne représente pas une atteinte au suffrage universel, car elle n'est pas définitive, dans la mesure où ils y accéderont à l'âge de la majorité légale.

Tyrannie : perversion de quelque régime que ce soit dans la Grèce antique, pouvoir arbitraire ne respectant aucune loi ou coutume.

Vote censitaire : situation dans laquelle seuls sont admis comme électeurs les citoyens qualifiés par le paiement d'un impôt minimal ou la détention d'une certaine fortune. Tous les gouvernements représentatifs ont recouru à leurs débuts au vote censitaire.

Vote par collège : variante atténuée du vote censitaire, dans laquelle l'électorat populaire refoulé dans un collège séparé ne peut qu'élire des membres d'un collège d'un degré supérieur, rassemblant des électeurs censitaires, qui désignent à leur tour les députés parmi eux. Le vote par collège constitue une invention des révolutionnaires français de 1789.

Chronologie

VIe siècle av. J.-C. : naissance de la démocratie politique dans la Grande Grèce.

Ve siècle av. J.-C. : démocratie de Périclès à Athènes.

Moyen Age : l'Église et les ordres religieux chrétiens conservent pour la désignation de leurs responsables certaines des procédures électorales en usage dans l'Antiquité.

XIe siècle : apparition en Espagne des premières assemblées représentatives médiévales (par ordres), qui s'étendent ensuite en Angleterre et en France.

XIVe siècle : soulèvements urbains populaires d'orientation démocratique en Flandre, en Toscane ainsi qu'à Paris et Rouen; de leur côté, les assemblées médiévales conquièrent le droit de consentir aux levées d'impôts.

1572 : proclamation d'une république bourgeoise calviniste aux Pays-Bas.

1649-1653 : république (dictatoriale) d'Oliver Cromwell en Angleterre.

1688 : deuxième révolution anglaise, introduisant le régime parlementaire.

1689 : Déclaration britannique des droits *(Bill of Rights)*, qui substitue la doctrine de la souveraineté populaire à celle du droit divin.

1690 : dans ses *Traités de gouvernement*, John Locke fonde la légitimité de l'autorité politique sur le consentement des gouvernés.

1748 : Montesquieu énonce dans *L'Esprit des lois* les principes du régime parlementaire reposant sur la division des pouvoirs.

1762 : le *Contrat social* de Rousseau donne sa justification philosophique à la notion de souveraineté populaire.

1776 : Déclaration des droits américaine.

1789 : début de la Révolution française.

1793 : Constitution française du 24 juin instituant le suffrage universel masculin, mais jamais appliquée.

Premier tiers du XIXe siècle : généralisation du suffrage censitaire en Europe de l'Ouest et du Nord.

1848 : instauration définitive du suffrage universel masculin en France et en Suisse.

1853 : introduction du vote secret en Australie du Sud.

1868 : suffrage universel masculin en Espagne.

1872 : vote secret en Grande-Bretagne.

Années 1880 : généralisation en France du vote secret décidé en 1791.

1890 : introduction du vote féminin dans l'État américain du Wyoming.

1893 : suffrage des femmes en Nouvelle-Zélande.

1906 : vote des femmes en Finlande (soumise à l'Empire tsariste) ; le suffrage féminin s'étend ensuite aux pays scandinaves dans leur ensemble jusqu'en 1920.

1912 : suffrage universel masculin en Italie et en Argentine.

1918 : suffrage universel masculin et droit de vote des femmes de trente ans et plus en Grande-Bretagne.

1919 : suffrage universel pour les deux sexes en Allemagne.

1920 : droit de vote féminin dans l'ensemble des États-Unis.

1931 : les femmes obtiennent le droit de vote en Espagne.

1942 : publication du « Rapport Beveridge » en Grande-Bretagne, qui constitue depuis lors la charte de référence de l'État-providence.

1946 : les femmes obtiennent le droit de vote en France.

1954 : tournant de la lutte pour les droits civiques des Noirs aux États-Unis, avec l'arrêt de la Cour suprême prohibant la ségrégation scolaire.

1964 : vingt-quatrième amendement à la Constitution américaine, interdisant la perception de taxes pour l'inscription comme électeur.

1971 : vote féminin en Suisse, au niveau fédéral.

1975 : début de la transition démocratique en Espagne.

1983-1986 : rétablissement de la démocratie en Argentine, au Brésil et en Uruguay.

1989-1990 : effondrement des régimes communistes et démocratisation en Europe centrale et orientale.

1990 : rétablissement de la démocratie au Chili.

Table des références

P. 14 : Platon, *La République*, livre VIII, 557 a.

P. 17 : Bernard MANIN, *Principes du gouvernement représentatif*, Paris, Calmann-Lévy, 1995.

P. 20 : John LOCKE, *Two Treatises of government* (1690), Londres, Everyman's Library, 1978, p. 180.

P. 23 : Jean-Jacques ROUSSEAU, *Contrat social ou principes du droit politique* (1762), Paris, Garnier, 1926, p. 254.

P. 24 : *ibid.*, p. 261.

P. 28 : François FURET, *Penser la Révolution française*, Paris, Gallimard, 1978, p. 73.

P. 48 : Michel FOUCAULT, *Dits et écrits 1954-1988*, Paris, Gallimard, 1994, vol. IV, p. 815.

P. 52 : Bernard MANIN, *op. cit.*

P. 56 : Jean-Pierre SOISSON, *Le Point*, 17 février 1996, p. 17.

P. 59 : Marcel GAUCHET, *Le Désenchantement du monde : une histoire politique de la religion*, Gallimard, coll. « Bibliothèque des sciences humaines », 1985, p. 125.

P. 74 : Danilo ZOLO, *Democracy and Complexity*, Cambridge, Polity Press, 1992.

P. 79 : Luc FERRY, *L'Homme-Dieu ou le Sens de la vie*, Grasset, 1996, p. 87.

P. 85 : Alain TOURAINE, *Qu'est-ce que la démocratie?*, Fayard, 1994, p. 102.

P. 88 : Jürgen HABERMAS, *L'Espace public*, Payot, 1992, p. XXV.

P. 106 : Adam PRZEWORSKI, *Democracy and the Market*, Cambridge University Press, 1991.

P. 110 : Lee KUAN YEW, *The Economist*, 29 juin 1991.

Bibliographie

BAECHLER, J., *Démocraties*, Calmann-Lévy, 1985.

BOBBIO, N., *Droite et Gauche*, Le Seuil, coll. « Essais », 1996.

BOURDIEU, P., « La représentation politique. Éléments pour une théorie du champ politique », *Actes de la recherches en sciences sociales*, février-mars 1981.

BRAUD, P., *Le Jardin des délices démocratiques*, Presses de la FNSP, 1991.

BRAUD, P., *Le Suffrage universel contre la démocratie*, PUF, 1980.

BURDEAU, G., *La Démocratie*, Le Seuil, coll. « Points », 1956.

DWORKIN, R., *Prendre les droits au sérieux* (1977), PUF, coll. « Léviathan », 1995.

GAXIE, D., *Le Cens caché. Inégalités culturelles et ségrégation politique*, Le Seuil, 1978.

HERMET, G., *Aux frontières de la démocratie*, PUF, 1983.

HERMET, G., *Culture et démocratie*, Albin Michel/UNESCO, 1993.

HERMET, G., *Le Passage à la démocratie*, Presses de Sciences Po, coll. « Bibliothèque du citoyen », 1996.

HERMET, G., *Le Peuple contre la démocratie*, Fayard, 1989.

HERMET, G., *Sociologie de la construction démocratique*, Economica, 1986.

LEFORT, Cl., *L'Invention démocratique*, Fayard, 1981.

MANIN, B., « Volonté générale ou délibération », *Le Débat*, janvier 1985.

MANIN, B., *Principes du gouvernement représentatif*, Flammarion, coll. « Champs », 1996.

MAYER, N., PERRINEAU, P., *Les Comportements politiques*, Armand Colin, coll. « Cursus », 1992.

MONTESQUIEU, *L'Esprit des lois* (1748), Garnier, 2 vol., 1973.

MOORE, B., *Les Origines sociales de la dictature et de la démocratie*, La Découverte/Maspero, 1983.

MOSSE, Cl., *La Démocratie grecque*, MA Éditions, 1984.

POLANYI, K., *La Grande Transformation*, Gallimard, 1983.

ROSANVALLON, P., *Le Sacre du citoyen : histoire du suffrage universel en France*, Gallimard, 1992.

ROUSSEAU, J.-J., *Le Contrat social*, Gallimard, 1964.

SARTORI, G., *Théorie de la démocratie*, Armand Colin, 1973.

SEILER, D.-L., *Les Partis politiques*, Armand Colin, coll. « Cursus », 1993.

TAYLOR, Ch., *Multiculturalisme. Différence et démocratie*, Aubier, 1992.

TOCQUEVILLE, A. de, *De la démocratie en Amérique* (1835-1840), GF-Flammarion, 2 vol., 1981.

Index

Dans la même collection

Droit, économie, politique

n° 3 - *Politiques agricoles* de Lucien Bourgeois
n° 7 - *Le Moyen-Orient* de Georges Corm
n° 18 - *Les Prisons* de Jean Favard
n° 20 - *La Chine* de Lucien Bianco
n° 22 - *Les Marchés financiers* de Jean Saint-Geours
n° 25 - *Quelles régions pour l'Europe ?* de Jean Labasse
n° 26 - *L'Afrique noire* de Thérèse Pujolle
n° 27 - *Allemagne* d'Alfred Grosser et Hélène Miard-Delacroix
n° 30 - *L'État et le Politique* d'Odon Vallet
n° 35 - *Les Balkans* de Paul Garde
n° 36 - *Crimes et Lois* de Jean de Maillard
n° 55 - *Environnement et Choix politiques* de Dominique Dron
n° 57 - *L'Aménagement du territoire* de Jean-Paul Lacaze
n° 61 - *La Ve République* de Jean Foyer
n° 62 - *La Paix, demain ?* de Federico Mayor
n° 70 - *Administration et Pouvoir* d'Odon Vallet
n° 81 - *La Responsabilité médicale* de Guy Nicolas
n° 83 - *La Monnaie* de Jean Cartelier
n° 85 - *L'Asie du Sud-Est* de Philippe Richer
n° 86 - *Le Divorce* de Colette Holstein
n° 93 - *L'Économie de marché* de Roger Guesnerie
n° 94 - *Les Transports au futur* de René Joatton
n° 95 - *Les Indiens d'Amérique* de Philippe Jacquin
n° 97 - *La Pollution des mers* de Jean-Claude Lacaze
n° 106 - *La Philosophie politique*, Anne Baudart
n° 112 - *Les Juges* d'Yves Benhamou
n° 115 - *Les Circuits de l'Épargne* de Roland Monet
n° 125 - *L'Antarctique* de Claude Lorius et Roger Gendrin
n° 126 - *Les Politiques de l'emploi en Europe* de Jean-Claude Barbier
n° 135 - *Les Ressources de la mer* de Jean Chaussade

Mais n'oubliez pas,
Dominos c'est aussi
la science, la médecine, les techniques,
l'éducation, l'art, les religions...

41

Ont collaboré à l'ouvrage

Édition : Sophie Senart
Conception graphique : Daniel Leprince
Recherche iconographique : Marie-France Naslednikov
Corrections : Jacqueline Menanteau, François Thomas,
Hervé Dellouche

Photo de couverture : Périclès.
Ph. © Roger-Viollet.

Achevé d'imprimer en avril 1997
sur les presses de
l'Imprimerie Hérissey à Évreux
N° d'éditeur : FC 548401
N° d'imprimeur : 76486
Dépôt légal : mai 1997